友達0《ゼロ》のコミュ障が「一人」で稼げるようになった ぼっち仕事術

コミュ障エンジニア
末岐碧衣

はじめに

本書は、「**人付き合いが苦手なコミュ障でも、そこそこ稼げるようになるための方法**」をまとめた本です。

なので、意識が高いことは書いてありません。

すごく稼げるようになる方法が書いてあるわけでもありません。効率のよい働き方も、飛び抜けた成果をあげるテクニックも書いてありません。

書いてあるのは、「空気が読めない」「何を考えているかわからない」「いつもオドオドしている」と言われがちな**コミュ障のための、社会でのサバイバル術**です。

とりわけ、人付き合いの仕方、働き方、お金の扱い方、自分の心との向き合い方について扱っています。

皆さんは、日々働くなかで次のように感じたことはありませんか？


「会社の人間関係が苦手だ」

「だれかといると、それだけで疲れてしまう」

「面倒な人にかかわりたくない」

「会社に頼らず、一人で稼げるようになりたい」


私はずっと思ってきました。会社に勤めるようになってから――いえ、その前からずーっとです。

理由はコミュ障だから。

集団行動がとれず、つねにひと目が気になり、それでいつも一人になることを選んでしまう。

そのため、友達と呼べる人は一人もいません。

いわゆる「ぼっち」です（笑）。

笑ってる場合じゃないんですけど、それでも私にとっては、そうして一人でいることがとても自然で、心地よく、落ち着くのです。

小さなころからそんな感じで、いまでもそうです。

こういう自分なので、社会でうまくやっていけるわけがないと思っていました。だからこそ私は、自分に合う環境作りをずっと試行錯誤してきたのです。


私のことを少しだけ書きます。

私はいま、フリーランスのシステムエンジニアをしています。仕事場は家で、人に会う機会はほぼありません。打ち合わせはパソコンの画面越しで行います。

自分で仕事量をある程度管理できるので、忙しくはありません。もちろん、暇というわけではありませんが。

それでいて安定した収入はあって、ちょっとだけ余裕をもって暮らしています。貯蓄もしっかりあり、お金に対する不安がないわけではないけれど、心配で夜眠れなくなるほどではないといった感じです。

この環境をどう思うかは人それぞれだと思います。さびしそうと思う人もいるでしょう。つまんなそうと感じる人もいるでしょうし、実際にちょっとだけ退屈です（笑）。

でも理想に近いと、私は考えています。

フリーランスになる前、私は会社員として働いていました。ですが、普通の人ならなじめるはずのその環境に、私は**まったく適応できませんでした**。

人間関係のわずらわしさにさいなまれ、他人の視線におびえ、いつも一人で悩みを抱えて疲弊《ひへい》していたのです。

だからこそ、だれの目も気にすることなく自分らしくいられ、自由にいろんな仕事ができる、いまの環境はとてもラクで、楽園のようにさえ感じています。

では、どうやってそれを実現していったのか。

まず、自分がコミュ障であるという事実を受け入れ、**コミュ障でもうまくやっていくためのコツ**を発見し続けてきました。

私が見つけていったのは、本当に小さなことです。

「失敗話を打ち明けると人と仲良くなりやすい」とか、「半年に一回くらいを目安に連絡をするとちょうどいい」とか、「お金の不安から解放されると余裕ができる」とか、「散歩をすると心が安らぐ」とか、その程度の小さな気づきです。

でも、そうした発見を積み重ねることで、自然と社会と折り合いをつけられるようになりました。

そして、苦手だった人間関係もそれなりにうまくやっていけるようになったのです。

この本では、こんなふうに不器用な私が体得していった技術を、「ぼっち仕事術」として皆さんにお伝えします。

第1章では、コミュ障にとって一番の悩みである、コミュニケーションの仕方について解説します。

断言しますが、**コミュ障はコミュニケーションでかならず失敗します**。これは間違いありません。その前提に立っているので、一般的なコミュニケーション術とはちょっと違った感じになっています。

はっきり言ってしまうと、私がお伝えするのは、コミュ障を治すのではなく、コミュ障を受け入れ、社会人としてギリギリ許してもらう技術です。

第2章では、チームプレイが苦手なコミュ障が大事にすべき働き方について、私なりの考えを伝えたいと思います。

私の失敗だらけの半生を追いつつ、そんな私が行き着いた「一人で生きない」と「1つに頼らない」という考え方についてくわしく説明します。

第3章は、お金についてです。お金の稼ぎ方、貯蓄の仕方、家計簿のつけ方などを解説します。

私はお金の専門家ではないので、けっこう粗い内容ではあるんですが、それでも同じような悩みをもつ方には参考になると思います。

とりわけ、組織を頼れないフリーランスに役立つ、お金の管理の仕方について詳述します。

第4章は、メンタルケアについて。さらっと打ち明けてしまいますが、私は一度うつになっています。原因は、職場のトラブルのため。

心を壊してからどうやって立ち直ったか、何が効果的だったか、心を病ませてしまいがちなコミュ障向けに解説します。

最後に「コミュ障」という言葉についてふれておきます。

皆さんは、コミュ障と聞いてどう感じますか？

略さずに言えば、コミュニケーション障害。もともとは医学的な専門用語だったようですが、ネットのスラングとして流布《るふ》し、いまでは日常のなかで使われています。まったくコミュ障でもなさそうな普通の人が、軽い感じで言ったりするほどです。

ですが、**コミュ障で苦しんでいる人はいまも確実に存在しています**。そして、私もその一人です。

本書で扱い、救いたいと思っているコミュ障は、そうした人たち。集団になじめず、空気が読めず、もしくは必要以上に空気を読んでしまい、生きることが苦しくなっている繊細な人たちです。

そんなコミュ障たちが、少しでも生きやすくなるように、チームプレイに頼らない、一人で働くためのノウハウを書かせていただきました。

いまもなお、つらい思いをしているコミュ障たちの未来が、本書によって明るくなるならば、これほどうれしいことはありません。

CONTENTS

第1章・［コミュニケーション］

コミュ障は治さなくていい

第2章・「働き方」

「ぼっち」で稼ぐのに大切な軸

第3章・［お金］

お金の心配をなくす方法

第4章・「メンタル」

病まない技術

第1章
［コミュニケーション］
コミュ障は治さなくていい

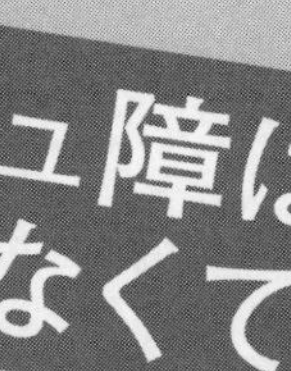

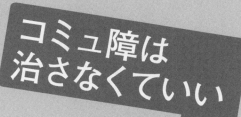

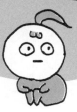

ぼっち社会人の「コミュニケーション」の原則

ごまかす技術をみがこう

社会人には「コミュ力」が不可欠です。

しかし、コミュ障にとってそれはあまりにも高すぎる壁。初対面の人と話すとか、大勢の前で話すなんてもってのほか。同僚との雑談でさえ緊張し、モゴモゴしてしまうというのに。

では、どうすればよいのでしょうか。

コミュ障ではない人は、「そんなの気にしすぎだよ」とか「場数を踏んだら治る」とか、気軽にアドバイスをしてきますが、

コミュ障はかんたんには治りません！

少なくとも私はそう確信しています（だって、小さなころからずっと悩まされているのに、ぜんぜん改善しない！）。

そのため、本書では**コミュ障は治らないというスタンス**に立ちます。改善するのではなく受け入れる。いっそ自分の個性、元からの性格としてとらえるのです。

とはいえ、そんなふうに受け入れるのはかんたんではありません。

私もそれができず、コミュ障を治そうとしてたくさんの本を読んだり、人に相談したりして、いろいろ迷走してきました。

コミュ障を治すというふれこみの、かなり高額な（70万円くらいする）話し方講座を受講したこともあります。

教わった内容は、「信頼される傾聴《けいちょう》」「タイプ別、上司に伝わる報告」「聴かせるプレゼン」など。数名のグループでロールプレイをして学ぶという形式だったのですが……

私のコミュ障は少しも改善しませんでした。

それで落ちこんだりもしたのですが、コミュ障がかんたんに治らないと気づいたからこそ、すべきことがはっきりしました。そのすべきことというのが、コミュ障のまま社会人としてやっていく技術。

いわば、**コミュ障をごまかすテクニック**です。

私は初対面ではコミュ障だと思われないことが多いのですが、それはテクニックのたまものだと思っています。

この章では、私がコミュ障をこじらせたことで身につけてきた、そうした技術を紹介します。

具体的には、「自己開示」「嫌いな人を知る」「人とのつながり方」「事前準備」「身だしなみ」を扱った6つのハック。

この6つを押さえれば、コミュ障のまま社会人としてやっていけ、口下手なフリーランスでも、コミュ力不足が原因で仕事を切られなくなります。少なくとも私はこの6つに気をつけるだけで、一人で稼げるようになりました。

「自己開示」「嫌いな人を知る」の項目は、コミュ障がコミュニケーションを考えるうえで、まっ先に押さえておきたいポイント。くわしくはそれぞれの項目で書きますが、**コミュ障がコミュニケーションを避けてしまう根本の原因**は、多くの場合この2つにひそんでいます。

「人とのつながり方」の項目では、コミュ障ならずとも役立つハックを扱います。距離感のとり方がむずかしい仕事の人間関係について解説するとともに、コミュ障でも仕事を途切れさせない、かんたんな営業術を指南します。

「事前準備」「身だしなみ」で扱うのは、コミュ障がかならずつまずく、「人前で話すシチュエーション」と「見た目」という二大トラブルについての対処法。コミュ障でトラブってる人必見のハックです。

どんな仕事であれ人と人がかかわる以上、コミュニケーションは避けられません。コミュ障なら逃げたくなる気持ちもわかりますが、怖がらなくても大丈夫。

コミュ障のまま乗りきる術《すべ》があるのです。

そのための、ハックをここに明かします。

01 コミュ障は「自己開示」が下手

コミュ障を治すのは無理なので、治そうとするより受け入れてしまったほうがよい、というのは本章冒頭で掲げた基本指針です。
それでもたった1つだけ、無理をしてでも絶対にとり入れたほうがよい行動があります。

それが「自己開示」です。

ちょっとむずかしい言い回しですが、かんたんにいうと「**自分がどんな人であるか、素直に相手に見せる**」ということ。
どんな食べ物が好きで、どんな本を読んでいて、好きな映画はどういった物語で、逆に嫌いな映画は何々で、何をしているときに幸せを感じて、何に怒りを覚えたか。そういった自分に関しての情報を開示するのです。

その際、相手に合わせて自分を偽《いつわ》ってしまってはダメだし（よくやりがちですが）、虚勢《きょせい》を張って自分を大きく見せようとするのもNG。ここで**大切なのは「素直」さ**。それが、人と仲良くなるうえでとても大事です。

仕事をするだけの関係なのにそんなことまで気にしなきゃいけないの？　別に仲良くならなくてもよくない？　そう思ってしまう人もいるでしょう。

ですが、やっぱり人間関係を良好にしておくのはとても大事です。それは仕事の成否《せいひ》にかかわるだけでなく、**人生の幸福度にもかかわってきます**。だからこそ、コミュニケーションが苦手なコミュ障なら、なおさら気をつける必要があるのです。

そこでキーになってくるのが自己開示なのですが、コミュ障はこの自己開示が下手です。

コミュ障は、自分の考え・感情・性格を隠しがちで、それどころか自分で自分にキャラづけし、本来の自分とは別の人格を演じてしまったりします。

とはいえ、こうしたことはコミュ障ではない方も共感できるはずです。たとえば、次のような経験はありませんか?

- **暗い性格なのに、明るい人をよそおってしまう**
- **悲しくてもへらへら笑っている**
- **つらいことがあっても、だれにも相談しない**
- **楽しいことがあっても、だれとも共有しない**

それほど特別なことでもないと思います。感情を隠したふるまいも、時には必要ですから。

ですが、最低限の自己開示さえ避けていると、**表面的なコミュニケーションしか成立しません**。そしてだれとも仲良くなれず、やがて交流自体を避けるようになり、結果として孤立してしまうのです。

私の自己開示のきっかけ

私が、自己開示の重要性に気づいたのは、会社員になって間もないころ。はじめて企画提案の打ち合わせに連れていってもらったときのことです。

その打ち合わせの数日前、私は張りきるあまり、コミュ障らしく「妄想脚本」を書きました。

妄想脚本というのは、打ち合わせ参加者が何を言うか、それに対して私がどのようにカッコよく切り返すかを書きだした怖い紙（笑）のことです。

先方は以前から付き合いのあるお客様で、こちらから新たな企画を提案しに行く場だったので、私の熱の入りようときたらもう、「……これで失敗したら私は死ぬんだ」と思いつめるほど。

私は家で提案資料を手にうろうろしながらトークの練習をくり返し、妄想脚本のセリフをソラで言えるくらいに仕上げました。

そして当日、私が資料を見せながら提案するという形で打ち合わせはスタート。しかし、ガチガチに緊張した私の頭はショートしてしまい、資料に書いてある文字を読むだけの音読マシンと化しました。お客様はだんだんとしかめ面になり、静まり返る会議室に自分の震える声だけが響くという地獄のような状況に。

結局、提案は上司の力で契約にいたったものの、私にとってはかなりのトラウマ体験となりました。

打ち合わせの帰り、居酒屋で上司と話しているうちに、あまりに悔しくて泣いてしまったのを覚えています。さんざんフォローさせられた挙げ句、部下に泣かれた上司はたまったもんじゃなかったと思いますが。

とはいえそれがきっかけとなり、その後半年間、私は上司と一緒に新規の顧客開拓をさせてもらえることになりました。

結果をいってしまえば、そうした努力のかいはなく、提案のたびに失敗する私を上司がフォローするという流れは、その後も変わることはありませんでした。

でも、得たものがあります。

上司とのつながりです。

それまで上司は私のことを、いつも伏し目《ふめ》がちでブツブツ独り言を言っている不気味なやつ、くらいにしか思っていなかったと思います。それが、私が本音をさらけだし、涙を流し、自己開示したことがきっかけとなり、その上司と一人の人間としてかかわれるようになったのです。

ちなみに、その上司とは会社を辞めたいまでもつながっていて、ときどき一緒に仕事をさせてもらっています。

この出来事をきっかけに、私は自己開示の重要性を考えるようになりました。

メールなら自己開示できる

自己開示は大事だと気づいたものの、これまで人と向き合ったことのないコミュ障が自己開示をするのは容易ではありません。

そんなわけで、その後も私は相変わらず心を閉ざし続けていたのですが、あるとき、心を開いて人と交流するコツをつかみます。

それが、当時チームに出していた日報メールでした。


日報メールは、今日やったこと、明日やること、所感などを書いて、チーム全員に送るというのがルール。みんな忙しかったこともあり、ほとんどの人が事務的なことを箇条書きで送っているだけでした。

私も同じように書いていたのですが、ある日、仕事がうまくいっていなかった鬱憤《うっぷん》もあり、口に出せずに言いよどんでしまったこと、参考に読んだ本の内容、悩んでいること、うれしかったことなどを日報にぶちまけたのです。

すると、不思議と返信が来ました。上司やリーダーから。ふだんは会話しないようなメンバーからも。コミュ障の私からしたら驚くほどいろんな人と、日報メールを介して交流が広がっていったのです。

直接は話せないことでも、メールならいろいろと書くことができる。それに気づいた私は、日報に書きつづるようになります。

そんなふうに日報で自己開示を続けるなかで、私はコミュニケーションにおいて大事なことは、次の2つであると気づきました。

❶ **失敗はネタになる**

❷ **相談すると人を巻きこめる**

失敗したエピソードを話すと、人と仲良くなりやすいです。日報やトークのネタとして使えるのはいわずもがな、実際に仕事のミスをとおして同期の子と交流を深めたこともあります。失敗をしでかしてしまったときは落ちこみますが、これで人と交流できるネタが増えたと考えれば儲けもの？　かもしれません。

相談は、日報をとおして知った人を巻きこむテクニックです。私は、わからないことがあると人に聞くようにしているのですが、そうして相談を持ちかけると、得意な分野の人が手伝ってくれます。

私はしゃべるのが苦手なのに、なぜか社内プレゼン大会に立候補したことがあります。

その際、困りすぎて各所に相談しまくっていたところ、あれよあれよという間に、その道のプロフェッショナルが集い、手厚いサポートを受けることになったりしました。

さりげなく自己開示しよう

くり返しになりますが、コミュ障は自己開示が下手です。

とはいえ自己開示しなければ、人との交流はうまくいきません。仕事をするうえで、人を巻きこんでいくために必須なのです。

自己開示というと身がまえてしまうかもしれませんが、本当にささいなことでよいと思います。「今日の夕飯のメニュー」でもよいですし、「犬と猫だったら、猫のほうが好き」といった程度のことでかまいません。

大事なのは、ここに偽りがないこと。コミュ障は悪気なく、自分の本心を偽ってしまうことがあります。空気が読めないのに空気を読み、本音を隠してしまうのです。

私もそうでしたが、**コミュ障が自己開示するのには、メール・SNSなどのツールを頼るのがよい**と思います。対面で自己開示するのは勇気がいりますし、変なことを言って気まずい空気にしかねないですからね。

私はよく、メールの最後に「PS」で一言そえて、さりげなく近況を報告したりしています。

それが雑談のきっかけになったりして、仕事がしやすくなったりするので、コミュ障にはおすすめのテクニックです。

まとめ

- **コミュ障の一番の問題は、「自己開示」しないこと**
- **「失敗した話」と「相談」を活用すべし**
- **コミュ障は対面を避け、積極的に「ツール」を頼ろう**

02 「苦手な人」を知っておく

一緒に仕事をする人によって、パフォーマンスは大きく変わります。

相性のよい人と組むとすいすい効率よく仕事が進む一方で、相性の悪い人が近くにいるだけで凡《ぼん》ミスしまくっちゃったり。

こういうことは、だれしも経験があるはず。

だからこそ一緒に仕事する人は重要なのですが、仕事相手や職場の同僚は自分で自由に選ぶことはできません。これは会社勤めの方だけでなく、フリーランスも同様でしょう。

なので、どういう人に気をつけるべきか、どういう人と組むと仕事はうまくいきやすいかについて、あらかじめ知っておいたほうがよいです。とりわけ人間関係のストレスに弱いコミュ障は、そこをしっかり押さえておく必要があります。

自分の苦手なタイプを知る

まず、自分がどういう人がダメなのか知っておきましょう。

私の場合は、フリーランスという仕事柄、基本的にはどんな人とでも仕事はします。人と対面しないで済む仕事なので、それがわりとできてしまうという環境でもあるのですが。

とはいえ、どうしてもダメなタイプの人がいて、次の2つの方とは仕事ができません。

❶ いじめてくる人

❷ 生理的に無理な人

「いじめてくる人」は、ある程度の規模であれば、どんな組織であってもかならずいいると言われています。「生理的に無理な人」というのは、人によって大きく違いますが、だれしも存在しているはずです。

この2例は極端ではあるものの、多くの人にとって迷惑な存在となるので、くわしく解説します。

大人になってもいじめてくる人

私の経験からいうと、大人の社会には、『ドラえもん』に出てくるジャイアンみたいなわかりやすいいじめっこはいません。

いるのは、フレンドリーに近づいてきて態度を急変させるタイプ。もしくは「あなたのため」と言いつつネチネチと説教してくるタイプです。

昔、会社のプロジェクトで一緒に仕事をした、50代くらいのベテランのパートナーさんが、その2つを合わせたような人でした。

その人は出会って間もないころから私を気にかけてくれ、自身のくわしい経歴や、人に言いづらいような失敗談まで話してくれました。友達がいなかった私はプライベートな会話ができることが単純にうれしく、仕事仲間という枠を越えて、とても仲良くしていたのです。

ですが、プロジェクトが佳境を迎え、メンバーが増員されてくると、関係性が変化していきます。

はじめのうちは、ていねいに教えてくれていたのですが、その教育が徐々にエスカレート。みんなの前でわざと説教をしたり、メールの「Cc」にプロジェクトメンバー全員を入れた状態で、キツいダメ出しをしてくるようになったのです。

それはあからさまに見せしめ的なもので、はじめは好意的に接してくれていただけに、その豹変《ひょうへん》っぷりにショックを受けたのを覚えています。

どんな人が「いじめてくる人」になるのか。

私の考えでは、**初対面から距離を詰めてくる人**、**不自然に親切な人は危険**だと思っています。「いじめてくる人」にはさまざまなタイプがいるので一概には言えないのですが、いじめ自体はどこにでもあるものです。なので、「いじめてくる人」にはどなたも注意したほうがよいと思います。

なお、「いじめてくる人」になりそうな人物と仕事をすることになった場合は、ひとまずこちらからは仲良くしすぎず、**あくまでビジネスライクな関係を保つのが無難《ぶなん》**です。

どうしても生理的に無理な人

「生理的に無理な人」と仕事をするとパフォーマンスが落ちるというのも、多くの人がうなずくことでしょう。

ですが、私には過剰なところがあります。

近年、ＨＳＰ（Highly Sensitive Person）という言葉がメディアで紹介されて話題になりましたが、私はそれに該当していると思います。

このＨＳＰというのは、「とても敏感な人」といった言葉に訳され、普通の人が気にしないような、人の視線や物音が気になってしまう人のことを指します。不機嫌な人が近くにいるだけでそわそわしてしまい、仕事が手につかなくなってしまうといった症状があるようです。

とりわけ私には聴覚過敏なところがあり、ふだんは耳栓にさらにイヤーマフをして、仕事をしています。

困ったことに、音があると仕事にならないのです。とくに人が出す音が苦手で、タイピング音、足音、遠くから聞こえてくる話し声、咀嚼音《そしゃくおん》、飲み物を飲むときのゴクゴクという音、ゲップ等はすべてダメです。

これらは大げさではなく「ヒャーーーー」って叫んで逃げだしたくなります。軽いパニックというか、汗がにじんで、とにかく何も考えられなくなるのです。

そんなわけで会社員のころは、始発で出社してだれもいないうちにいっきに仕事を片づけたり、無人の会議室で作業したりしていました。

日中、自席で作業中に我慢できなくなったら、トイレの個室や近くの公園に緊急避難したり、考えごとをするふりをして両手で耳をふさいできつく目を閉じ、体を揺らして深呼吸したりすることもあったほどです。

これは仕事中に限った話ではありません。ふだんの生活のなかで聞くのも無理で、一人で外食するときなども、隣でくちゃくちゃされたら、食事せずにお金を払って店を出ます。どうせ食事しても味がわからないので。

いまは落ち着きましたが、とくに症状がひどかったころは、咀嚼音が嫌すぎて、お昼に誘われるのを避けるため、「もともとお昼を食べない人」という不思議なキャラづけをしてずっとお昼を抜いていました。

こういう生理的な反応を治すのはむずかしいです。専門的な治療で治せるかもしれませんが、それもなかなか大変なので、ひとまず生理現象には抗《あらが》わず、不快なものは避けるほうがよいと思います。

つまり、**生理的に苦手な人・場所に近づかない**。

もちろん、「生理的に苦手な人」と仕事しなきゃいけないこともあります。その場合は、私のように耳栓とイヤーマフをしたり、大きな音で音楽を聞いたり、徹底的に防御して、なんとかやり過ごすしかないでしょう。

いずれにしても、自分の苦手な人をちゃんと押さえておくというのは、とても大事です。人間なので、だれしも苦手なタイプが存在していますから。

自分の不快感覚に見て見ぬふりをせず、対処法を作っておくだけで、仕事のパフォーマンスはコントロールできるようになるはずです。

どんな人と組むとよいのか

では、逆にどういう人と組むと、仕事がうまくいきやすいのか。

コミュ障タイプと相性がよいであろう人の特徴について、私なりの考えを3つあげます。少なくとも私は、これから紹介するような人と一緒に仕事をすることで、仕事を楽しめるようになりました。

1．こまかいことを気にしない人

気を使わなくていいので、リラックスして自分の意見を言えますし、課題解決そのものに集中できます。

この人に嫌われないようにしよう、といったことに脳のリソースを割かずに済むので、いろんなアイデアが湧《わ》いたりよいことずくめです。

2．任せてくれる人

あまりこまかくやり方を指示されると、つまらないと思ったり、パフォーマンスが落ちてしまうもの。なので、ざっくり課題を与えて、やり方は一任してくれる人のほうが働きやすいです。

私の場合だと、「こんなアプリを作りたい」というオーダーだけで、言語やフレームワークなどの具体的な実装方法はお任せ、という仕事のふられ方が理想的です。最新技術をリサーチする機会になったり、実際試してみることもよくあります。

こういう人と組むと、仕事しながら知識をアップデートできるし、自分で一から組み立てていく楽しさも享受できます。

3．病んでない人

そもそも私が若干病んでるというのもありますが、病んでない人と組むとうまくいきます。

病んでない人の特徴は次のとおり（自分調べ）。

「明るい」「見た目が若い」「日常的に運動している」「声が大きい」「感情に波がない」「よく笑う（けど、面白いことを言うわけではない）」「エネルギッシュ」「友達が多い」といった感じです。

ご覧のとおり、コミュ障とは真逆のタイプ。なので仲良くはなりづらいのですが、仕事をするうえでは不思議とストレスなく働けます。

真逆のタイプがベストパートナー？

私が毎週欠かさず聴いているラジオに、お笑い芸人の伊集院光さんの番組があります。伊集院さんはテレビではおおらかで博識でまっとうな大人という感じですが、ラジオではかなり闇が深いというか毒が強いです。彼の病的な一面、神経質な一面に自分を重ね、深く共感したりしています。

そんな彼の奥さんは、伊集院さんが「社交性の塊《かたまり》」と称するほどだれとでも仲良くなれる明るい方だそうです。それこそ、先に例としてあげた「こまかいことを気にしない人」「任せてくれる人」「病んでない人」に該当するような。

伊集院さんはメディアなどで、奥さんの存在が自分の精神衛生にとって大事であることをくり返しおっしゃっていますが、すごくわかる気がします。

私も、**自分の性格とは真逆のタイプ**の人が周りにいてくれたり、お仕事でご一緒するようになってから、人間関係にふり回されたり疲れたりすることが減りました。精神が落ち着き、仕事を楽しめるようになったのです。

もし仕事に息苦しさを感じていたら、仕事内容について考えたり、転職を考えたりするよりも、まず一緒に仕事をしている人たちについて、改めて目を向けてみるとよいと思います。

そして、自分がどういう人と一緒だと楽しくなくて、どういう人と一緒だと楽しいかをちゃんととらえ直してみるのです。

そうすることで、仕事が楽しくなる糸口が見つかるかもしれません。

まとめ

・自分の「苦手な人」を知ろう
・苦手な人の「対処法」を作っておこう
・「真逆のタイプの人」のほうが相性がいい？

03 コミュ障式「人とつながる」技術

人間関係って築くよりもキープするほうがむずかしくありませんか？

私は、仕事でかかわった人と普通に会話できるようになっても、なんでも話せるレベルの深い関係になることはありません。そして、仕事のつながりが切れたあとにプライベートのみの関係が続くこともありません。

これはコミュ障ならずとも、多くの人がそうではないでしょうか。

かつて一緒に仕事をし、濃密な時間を過ごした人もそのうち連絡をとらなくなり、自然に縁が切れてしまう。そういうどこか希薄な人間関係が増えているように感じます。とくに私がいるＩＴ業界ではその傾向が強いかもしれません。

この項目では、コミュ障でもできる仕事の人間関係のキープの仕方を紹介しつつ、営業しなくても受注が途切れなくなるテクニックについて解説します。

友達にはならないでも忘れられない

私の知人に、仕事でかかわった先々で信頼関係を築き、営業せずに仕事の依頼がひっきりなしに来るという方がいます。

私がまだフリーランス2年目のころ、その人に、フリーランスはいつ仕事がなくなるかわからないし安心できない、と相談したことがあります。

するとその人は、昔は同じ悩みを抱えていたと話し、「仕事くださいと頼める人が5人になってから、その心配はなくなった」と言っていました。

そして、仕事の人間関係における大事な考え方を教えてくれました。それが次の言葉です。

仲良くなることではなく、忘れられないようにすること。

友達みたいに仲良くなれば一緒に仕事するのが楽しくなる。だが、その関係性を壊すのが怖くなって言いたいことが言えなくなってしまう。だから仲良くなるのは避け、忘れられないにとどめるべきである。

そして、相手が「この仕事、頼めそうな人いないかな」と思ったとき、まっ先に自分の顔を思い浮かべてもらえるようになれば勝ち、とのことでした。

これは、友達作りが苦手なコミュ障向きの考え方だと感じ、私もそれを実践するようにしました。

連絡するのに最適なタイミング

では、そうした関係を築くために、何をすべきなのでしょうか。

私なりにいろいろ試した結果の答えは、

「半年に一回、自分から連絡する」です。

なぜ、半年という期間なのか？　会うわけではなく連絡するだけなのだから、もっと頻繁にしたほうが思い出してもらえるのではないか？　そう思われるかもしれません。

ですが、**頻繁な連絡はおすすめしません**。

理由の1つは、相手が人に仕事をふったりできる裁量権のある場合、忙しい人である可能性が高いから。忙しいなか、もう仕事もひと区切りして会わなくなった人から頻繁に連絡が来ると、なかなか無下《むげ》にもしづらいし、いちいち返すのも大変です。

もう1つの理由は、こちらに相手に連絡する口実《こうじつ》や話題がないから。無理やり天気やらニュースの話をふるのも不自然ですし、仕事が欲しくて必死なのかなって思われてしまうかもしれません。

半年くらいたてば、近況報告という形で自然に連絡ができます。さらに、新しくできるようになった技術やいまやってることなど、一緒に仕事をするうえで必要な話題を提供できるのです。

なお、厳密に半年に一回である必要はありません。場合によっては多少早めてもよいと思います。

ただし、半年以上放置してしまうのは、さすがに長すぎるように感じます。これは感覚的なところですが。

ちなみに半年に一回の連絡には、忘れられないようにすることのほかにも、**自分ができることや状況を知っておいてもらう**狙いもあります。それで、相手のニーズと自分のスキルや条件がマッチすれば、受注につながるのです。

一緒に仕事したいと言っておく

続いて、仕事を発注してもらうための準備について。

相手が「この仕事、頼みたいな」と思ったときに、声をかけてもらいやすくするための、ちょっとしたテクニックがあります。

それが、事前に自分のほうから**「また一緒に仕事がしたい」と意思表示**しておくこと。具体的には、一緒に仕事をしているうちか、プロジェクトが終わった別れのタイミングで、ちょっと冗談っぽく言うのです。

「自分は吹けば飛ぶフリーランスなので、仕事なくて路頭に迷ってたらまた拾ってくれますか？」

みたいな感じで。

テキストだと冗談っぽさが伝わりにくいので、直接会っているときに言うのがよいかもしれません。

これに対して「いやもうないっすわ」と冷たく返す人はまずいません。私の経験だと、すべての人が「ぜひ」と言ってくれます。お願いの仕方はさておき、ここで大事なのは、「また一緒に仕事がしたい」の意思表示。

じつはこれ、心理学の一貫性の法則を活用した「イエスどり」と呼ばれる手法だったりします。**一度自分で肯定したことは否定しにくくなる**、という人の心理を利用しているのです。

書面に残っていなかろうが、本気じゃなかろうが、社交辞令だろうが、とにかく「また一緒に仕事したい」に対して、自分が「イエス」と意思表示したという事実は、その人の潜在意識に残ります。

すると、実際に仕事が発生した際に、依頼しないと申し訳ないなという罪悪感みたいなものが生まれてしまうというわけです。

コミュ障なのに受注が途切れない

仕事で人とかかわるたびに、「半年に一回連絡する」のを徹底し、「また一緒に仕事したい」とジャブを打っておく。

私はそれをくり返しているだけで、仕事をふってくれる人が増え、受注が途切れなくなりました。

とくに目を引くようなスキルもなければ愛嬌《あいきょう》もない、そんなコミュ障な私でも、仕事が絶えず来る。その理由が、じつはこれなのかなと自己分析しています。

ちなみに、私はフリーランスになってからというもの、営業らしい営業は一度もしたことはありません。やってるのはこれだけなのです。

なお、かかわった人が増えてくると半年に一回の連絡をしようにも、頭で覚えておくのに限界がやってきます。

そもそも私は記憶力がよいほうではないので、プロジェクトが終わったタイミングで半年後のグーグルカレンダーに「○○さんに連絡」という予定を入れるようにしています。

忘れちゃったら、もったいないですからね。

まとめ

- **友達になるのではなく、「忘れられない」を目指す**
- **「半年に一回」くらいの連絡がちょうどいい**
- **「また一緒に仕事したい」と伝えておく**

04 話し下手がやっておくべき「事前準備」

仕事で人と話さなきゃいけない場合、メール・チャット・電話だとうまく話せるのに、対面すると自分の意見が言えなくなってしまう。コミュ障にはよくあることです。

対面での会話がうまくいかない理由はいろいろあるでしょうが、その大きなものの1つに、**会話の瞬発力に問題がある**から、というのがあります。

コミュ障でない人は、「～についてどう思いますか？」と聞かれたとき、純粋に自分が「どう思うか？」だけを考え、その場で答えることができます。しかし、コミュ障はそもそも会話に集中できません。

私の場合は、相手が無表情なだけで「え、もしかしてなんか嫌われてる？」とか、「私、鼻毛出てる？」といったノイズが頭のなかに発生します。

それで、「うーん」とか「えー」とか音を発しながら、最終的には「あれ、なんの話でしたっけ？」ってなります。

イエスかノーかだけを聞かれているクローズドクエスチョンの場合でも、「会社としては～って方向に進めたいはずだからイエスって言ったほうがよいのかな？　でもなんでイエスって言ったのか根拠を求められたら説明できない。なんでイエスがよいんだろう？　相手にとってどんなメリットがあるんだっけ？」という具合に、現実の会議そっちのけで頭のなかで別の会議がはじまります。

そうした場合、周囲に私がどのように見えているかというと、「えーっとですね……」と言ったきり固まっちゃったよコイツ、になっているわけです。

会話の瞬発力に頼るのをやめよう

会話に苦手意識のあるコミュ障は、その場でうまくやるのはあきらめましょう。場数をこなすことや訓練によって多少改善するかもしれませんが、コミュ障が生まれついてのものだった場合、それは大きなストレスとなります。

苦手なことを無理して治すより、もっと効果的かつラクな方法があります。それが、**対面せずにできることをがんばる**です。

仕事ならば、会議で決めるべきこととか、社内で課題になっていることとか、仕事の進捗《しんちょく》具合とか、仕事として話し合うべきことはある程度予測できます。

だからこそ、その場で考えようとするのではなく、事前に考えて自分なりの結論を出しておくのです。

ゼロから考えるのではなく、すでに自分のなかにある答えを検索して、結果を口に出すだけでOKという状況にしておくというわけです。

やることは事前準備

私は対面ではうまく説明できないという自覚があるので、1つひとつの仕事に対しての事前準備を徹底しています。準備不足だと不安で眠れないというのもありますが、瞬発力で劣るぶん、準備でカバーしようとするクセがついているのです。

これは私のようなコミュ障に限らず、多くの社会人にとって使える技術だと思います。どんなにコミュ力がある人でも、緊張していつもの力が発揮できず、あたふたしてしまうことはあるでしょうからね。


私の本業であるエンジニアの仕事の話になりますが、私はシステムの仕様を話し合うような打ち合わせの前に、デモアプリを作ります。

少し専門的な話をすると、ＷＥＢアプリだったら、パワポに画面イメージを描くよりはブラウザで表示できる画面モックを作る、画面モックよりは実際にＤＢ《データベース》につなげて動かせるデモアプリを作る、みたいな感じです。

バッチのこの部分をこういうアーキテクチャに置き換えたいと言われたら、サクッと同じ構造のかんたんなバッチを一部だけ作って「作ってみたらこんな感じでしたー」ってもっていったりします。

もちろん、デモであっても一からアプリやシステムを作るのは手間だし大変なので、毎回はできません。案件やそのときのもち時間の有無によって、どのレベルまでやるかはマチマチです。

それでも、できる限りの手間と時間を、モノ作りに投入します。

お客様に言われなくてもです。

なぜ、そこまでするのかというと――**形のあるモノは、それだけでとてつもなく強力なカードとして機能する**からです。

モノを用意するが強い理由

システムというのは、オーダー時には実体がありません。そうしたよくわからないものを作るのですから、オーダーしているお客様自身、どんな機能が欲しいのか具体的にイメージできていないことが多々あります。

それにもかかわらず私の業界では、事前に了承をとってからじゃないと何も作りはじめないことが普通です。

まぁ金額が大きく、ぱぱっと完成するものでもないので、当然契約書も必要なんですが……それにしてもちょっと手続きが面倒くさすぎるな、と感じるときがあります。

だから私は、とりあえずお客様が喜んでくれそうなものをさっとお出しする、気のきく板前さんのような存在であろうと、つね日ごろから思っているわけです。

まずは食べてもらって、それからお客様に感想を聞いて、差分をアップデートしていくという感じです。

つまり、言葉でのコミュニケーションが苦手なぶん、**モノを通すことで言葉以上に濃いコミュニケーションをとっていく**のです。

モノを用意したほうが濃い話ができるというのは、別の業種でも言えると思います。

相手が何を求めているかを会話だけで聞きだすのは、コミュ力のある人でもむずかしいもの。

それに対して、目の前にモノがあれば、それに近いか遠いか、改善点はどこかなど具体的な話ができますからね。

準備で失敗しても
それでも意味はある

ただし、事前準備を徹底するというのも限界があるし、準備してもうまくいかないことだってあります。

時間がなくて準備できないとか、時間と労力がかかりすぎるとか、むずかしすぎて無理とか、準備しても打ち合わせや会議で失敗しちゃうとか。

私も、休日をつぶして準備して臨んだ大切な会議で一言も発言できずに空気になって終わったり、まったく的《まと》はずれな発言をして総スカンをくらったり、状況を悪くするプロかよってこともいろいろやっちゃってます。

しかし、**最終的には上司やお客様に評価してもらうことが多い**です。

その場では活かすことができなくても次の反省点になったり、別の仕事で活かせたり、準備をがんばっていたことに気づいてくれる人がいたりするものです。

まとめ

・「会話の瞬発力」に頼らない
・「事前準備」を徹底する
・形ある「モノ」を用意する

05 「身だしなみ」で損をしない方法

話すのが下手でうまく意図を伝えられない、というのはコミュ障にとって避けられない悩みです。多くのコミュ障が失敗していると思うのですが、もう1つコミュ障がやらかしがちなことがあります。

身だしなみの失敗です。

ここでは、身だしなみもコミュニケーション要素の1つとしてとらえ、その改善ハックを紹介します。

身だしなみの悪さは出世にひびく

私が会社で働いていたころ、朝起きて一番に頭に浮かぶのが「会社行きたくない」だった時期があります。行きたくない要因はいろいろあったのですが、なかでもクリティカルだったのが、隣の席の男性の存在。

その男性は仕事をするときに、決まってクツを脱ぐ人でした。もともと近づくとどこかすっぱいにおいがしていたのですが、彼がいつも履いていたボロボロのスニーカーを脱ぐと、さらに濃厚な足のにおいが漂ってくるのです。

正直、仕事どころじゃない（震）。

「くさいからクツ脱ぐのやめてください」なんて面と向かって言えるわけがないので、男性との間（の机の下）にひそかに消臭剤を置いたり、何かと理由をつけてはフリースペースや会議室で仕事をしたりして、必死の抵抗をしていました。

結局1ヶ月くらい我慢したあと、上司に相談して席を変えてもらえたんですが、悩んでばかりの私のあらゆる悩みがどうでもよくなるほど、その人にふり回されていたわけです。

とはいえ、彼は有名大学卒の非常に頭のよい人でした。仕事ではいわゆるソツのないタイプではあったんですが、間違いなく優秀だったと思います。

しかし、当時10年目くらいのベテラン社員でありながら、入社3年目の私と同ランク。何年も前から昇進できていないのです。


私のいた会社では、人事評価制度として360度評価が採用されていました。上司からだけでなく、部下・同僚からまるっと評価されるというものです。

具体的にどのように行われていたかというと——社員全員がその年の自分の成果をプレゼンすることからはじまり、主に仕事でかかわったメンバーがそれを聞き、既定の評価項目に5点満点で点数をつけて投票します。

ちなみに、だれがどの項目に何点つけたかやどんなコメントをしたかなど、自分のものは見ることができます。それらの点数・コメントをもとに、ランクを上げるか下げるかキープするか、いわゆる「雲の上」で話し合われるわけです。


その男性は、ふだんからすっぱいにおいがするだけでなく、プレゼンにも毎年ヨレたスーツで挑んでいました。

プレゼン自体はだいたいみんな似た構成で、「今年は年始に〜という目標を立てました。それぞれの達成率は〜で、反省点は〜なので、来年は〜に力を入れます」というもの。

この構成にするだけで論理的な説得力は生まれるのですが……その男性のプレゼンはいつも上滑りしていたように思います。

もともと彼は私と同じようにコミュ障で、プレゼンが得意なタイプではありませんでした。

しかし、ふだんの仕事ぶりやプレゼンの上手・下手という問題以前に、足のにおいでいつも迷惑をかけていたため、周囲からの評判がよくなかった。**身だしなみの悪さのせいで、最初から悪印象をもたれてしまっていた**のです。

彼が評価されず昇進もできなかったのは、身だしなみが原因と言っても過言ではありません。

がんばりすぎもよくない

身だしなみは、自分の評価を上げるために自力で変えられることのなかで、かんたんにできることの1つです。

とはいえ、ブランドもののスーツを買いそろえる、断食ダイエットをはじめる、などの過激なことはおすすめしません。**自分を身《み》の丈《たけ》以上に見せようとすると、かならず苦しくなります**。そうなると長続きしないのです。

私は、「同じ素材で同じ大きさなのに、あっちは1000円でこっちは1万円になっている意味がわからない」と平気で言ってしまうくらいおしゃれレベルが低い人間ですが、一時期、知人に服選びのアドバイスをもらっていました。

「アドバイスをもらっていた」をより正確に書くと、「自分はマネキンに徹し、知人と店員さんに全身コーディネートしてもらった服とクツとカバンのセットを何も考えずに購入する」です。

なぜそんなことをしていたかというと、前述した男性を反面教師にして、「身だしなみが悪いと評価が下がる。じゃあ、もっとセンスのいい服で会社に行ったら評価が上がるかも」という単純な思いつきからとった行動でした。

服装を変えた結果、褒められることが増え、人がていねいに話を聞いてくれるようになりました。

仕事がやりやすくなったしよかったと思う反面――周囲の人をだましている感覚がありました。人の自分に対する態度がよくなったと感じるほど、本当はダサい自分がバレることへの不安が強まり、徐々に苦しくなっていったのです。

そのころは仕事で評価されても「本当に仕事面で評価されているのか?」といつも疑心暗鬼でした。

結果として私は、服装によって自分がわからなくなってしまったのです。

身だしなみのベースライン上げ

私の身の回りで起きた、身だしなみが周囲の評価に影響を与える例を2つ紹介しました。

身だしなみを整えることは多くの人が自然にできてしまうからこそ、**できていないときのマイナスが大きい**もの。

それにもかかわらず、コミュ障は身だしなみを軽視しがちで、ただでさえコミュ力が低いことでマイナスなのに、身だしなみでさらに損をしているのです。

先の男性のようにおろそかにして評価を下げたり、私のようにやりすぎて自分を見失ってしまったりするのを避けるため、最後に、私が実際にやってみて役に立ったことを紹介します。それは——

たまにシワのない清潔なシャツを着る、です。

なんだよそんなことかよ、と思われるかもしれませんが、実際のところ、できていない人は、シャツのシワなんて気にしたことすらないと思います。

なお。このことの利点は見た目が改善するだけではありません。それ以上に、**内面にもたらす効果がある**のです。

パリッとノリの効いたシャツにそでを通すと、自然と気合いが入るもの。

私も家で仕事しているときなんかは着慣れた服でだらだらしていますが、それでもピシッとしたシャツを着るとなんとなく引きしまった気持ちになり、背すじもいつもより伸びます。

たまにでもきちんとした身だしなみをする日を作ると、どうでもよいモードのときの自分が「ちょっとひどすぎるかも」と感じるようになります。これが、身だしなみのベースラインが上がった証拠。

無理なく継続するために重要なのは、おしゃれを覚えることではなく、**身だしなみのベースラインを上げる**ことです。

身だしなみをちょっとだけ意識することで、徐々に意識を上げていく。そうして、自然に自分に合ったよい身だしなみを作りあげていく、というわけです。

まとめ

- **「だらしなさ」は出世にひびく**
- **がんばりすぎると自分を見失う**
- **たまにシワのない清潔なシャツを着る**

第2章
［働き方］
「ぼっち」で稼ぐのに大切な軸

ぼっち社会人の「働き方」の原則

「一人で生きない」「1つに頼らない」

会社に頼りっきりになるのではなく、**「個人」でいろいろやっていこう**、そうした考え方が当たり前の時代になりました。大きな会社に勤めながら副業している方も少なくありませんし、新しい働き方を推奨《すいしょう》する会社もあったりするほどです。

私がフリーランスになった2015年にはすでにその流れがあって、当時から実業家・YouTuber・ブロガーなどのインフルエンサーが、「これからは個人の時代だ」「会社にしがみつくのはリスクでしかない」「個人で稼ぐ技術を身につけよう」と声高々に言っていました。

私も、そうした主張に感化された一人でした。ぼっちでコミュ障で、何よりチームプレイが苦手なので、個人を重視したその考え方に魅了され、いち早く実践してきたのです。

しかし、そうして個人にこだわる働き方をしていくなかで、私はたくさんの手痛い失敗をしていきます。

ただ、痛い目にあったおかげで気づくことができました。一人で稼ぐために絶対に押さえておかなくてはいけない2つの「軸」があることに。

それが、「一人で生きない」と「1つに頼らない」です。

「一人で生きない」は、「ぼっち仕事術」とは正反対の主張です。しかし、人とかかわるのが苦手な私ですら一人きりだったら……いまごろは公園に住んでいたかもしれません。

やはり、**どんな仕事をするのでも一人ぼっちではうまくいかない**のです。

といっても、私もいまでも一人が好きですし、相変わらずチームプレイはできません。

なんなら、人よりもふもとした動物のほうが好きです。

それにもかかわらず、「一人で生きない」を強く主張したいと思っています。

本章前半では、人とのかかわり合いを拒否した挙げ句に、最終的に「一人で生きない」と考えるにいたった私の経験をお話ししたいと思います。

続いて後半には、もう一方の軸「1つに頼らない」について記載します。

これは、フリーランスとして仕事をするうえで、私がもっとも大切にしている考え方です。

端的に言うと、**収入源も、人間関係も、大切なお金の管理先も、1つに頼るのではなく複数に頼ったほうがよい**ということ。それらを1つにまとめてしまうのは、リスクでしかないという主張です。

この考え方は私にとっては当たり前すぎるので、これまで意識さえしていませんでした。ですが、この本を書くにあたり、仕事の仕方や人付き合いの仕方を見直すなかで、自分の働き方にとって一番大切なものだと気づいたのです。

収入源はまだしも、人間関係まで分散しようと言うと、すごくむずかしそうに感じるかもしれませんが、**人付き合いが苦手なコミュ障こそ意識すべき考え方**だと、私は思っています。人とかかわるのを避け、いろんなことを勝手に一人で抱えこんでしまいがちなコミュ障は、この考え方をするだけですごくラクになると思うからです。

この章で指南する働き方の心構えは、ぼっちとして、そしてコミュ障として、稼いでいくうえでの地盤となるものです。

この考え方をすればすぐに稼げるようになる、というものではありません。

ですが意識することで、組織を頼れない**「個人の時代」を生き抜く強い武器になってくれる**のは間違いないはずです。

06

一人で生きない

エピソード①「会社員として失敗する」

一人ぼっちはよくない。

それを説得力をもって伝えるため、私の半生をふり返ります。

社会に出て、組織になじむことができず、チームプレイを否定して一人ぼっちに逃げたコミュ障がどんな目にあうのか。その例として参考になればと思います。

さっそく社会の洗礼を受ける

私は転校・卒業・退職など人生の節目で、それまで築いてきた人間関係をリセットしてきました。

携帯電話の機種変で電話帳データを引き継がず、バイトを辞めると同時にメールアドレスを変え、ことあるごとにフェイスブックやＬＩＮＥのアカウントを削除したりしてきたわけです。

そんな感じでありつつも、一応大学を卒業して就職しました。じつをいうと起業へのあこがれがあったのですが、いきなり会社を起こす勇気もスキルもなかったので、厳しくても初任給が高く、独立志向の強い、短期間に多くを学べそうな会社を選びました。

しかし、新人研修でいきなり挫折《ざせつ》します。

研修自体は問題なかったのですが、非効率で、あいまいで、和気あいあいとしたチーム作業がどうもダメでした。

そこで研修リーダーに相談すると、「お前はＪａｖａとかやんなくていいから、もっと同期とうまくやれ」と怒られました。

コミュ力ないのはもうあきらめよう。とはいえ、技術的な仕事には向いているだろう。そう思ってそっち方面でがんばろうとしてみたのですが、その考えもあっけなく打ち砕かれます。

現場にはいわゆるスーパーエンジニアがゴロゴロいて、自宅にサーバールームを作っている、休日はアプリを作って遊んでいる、オラクルゴールドをもっている等、とにかくすごい人たちばかり。彼らは側《はた》から見ても生き生きと輝いていて、ITが本当に好きで、楽しんでいるように見えました。

一方、私はというと、先輩方の技術的な会話をほとんど理解できず、長時間ソースコードを眺めていると吐き気がしてくる始末。

そのうち同期から技術屋としての頭角をあらわす人が出はじめ、私は完全にふてくされました。

なら、コンサルになればいいじゃん

当時その会社での成功パターンは2つあり、1つは技術屋（スーパーエンジニア）、もう1つがコンサルタント（私の当時の理解では人を動かす人）でした。そこで、私は安易に後者を目指すことにしました。

しかし、ここでもいきなり壁にぶち当たります。

自分から手をあげて八名チームのリーダーを任せてもらったのですが、チームは全員外部のパートナーさんで、しかも全員スキルも経験も私より数段上。私はただ社員だからというだけでリーダーを任された、何もわかっていない20代の小娘（しかもコミュ障）でした。

いざはじまってみると、指示を出そうにも何をどうすればいいのか見当もつかず、最年長のリーダー格のパートナーさんに教えてもらい、言われた内容を我がもの顔でチームに発表するという羞恥《しゅうち》プレイ。

そんな日々を続けるうちに、私は自分の存在意義を完全に見失いました。

そのうちリーダー格のパートナーさんからも邪険にされはじめ、メールの「Cc」にチームメンバー全員を入れた状態でダメ出しされたというのは、先述のとおり。定例会議中に30分以上立たされたまま説教されたことも。

それで、このプロジェクトの途中から本格的に会社に行けなくなり、パートナーさんたちはもちろん、忙しいなかフォローしてくれた上司、お客様にまで迷惑をかけしてしまうことに。

私がいなくてもプロジェクトはなんの問題もなく進んだ（むしろスムーズに！）、というのを後日聞かされたときは安心する一方で、複雑な気持ちになりました。

しばらくして休職から復帰。

しかし、迷惑をかけた人たちと顔を合わせなければならないオフィスにいるのはつらく、1ヶ月ほどの調整期間は人事部に置いてもらい、間もなく子会社に転籍させてもらいました。

転籍するときもさんざんで、最終出社日に人事部長と最後の面談をしたのですが、それまでの私のショボくれた態度が気にさわったのか、私が面談中に余計なことを言ったのか、

「そんなに嫌ならさっさと出てけ！」

と怒鳴られる始末。
その後、廊下やエレベーターでだれにも会わないように、14階から非常階段を通って逃げるように退社したのを覚えています。
ここまで来ると負け犬すぎて笑けてくるのですが、階段を下りながら走馬灯のように浮かんできたのは、少し前に他の会社に転職していった上司の姿。みんなから色紙やプレゼント、花束をもらって拍手と涙で見送られていて……

「3年間、自分なりに死ぬほどがんばった総決算がコレか……」

失望しましたが、やっと解放されたといううれしさもありました。

あれ、一人だとうまくいく？

子会社は近くでしたが、違うオフィスビルに入っており、これまで仕事でかかわった人たちや同期入社のメンバーにバッタリ会う危険はありませんでした。

子会社で最初に私がしたのは、「チームプレイは無理です。なんでもやるので、一人でできる仕事はありませんか」と直談判すること。とにかく人とのかかわりを最小限にとどめて、会社の片隅でヒッソリと生きていこうと考えたのです。


そこで任せてもらった仕事で、私に1つの転機が訪れました。

その仕事は、親会社の管理会計用の社内システムを、クラウド基盤に載せ替えて子会社にも導入する、というもの。

社内プロジェクトなので、通常ほど納期はシビアではない。親会社にいた私はシステム仕様も知っており、とりあえず私一人にやらせてみて、できなかったらそのとき考えよう、という采配《さいはい》でした。

システムのアプリ開発、それも巨大なシステムの末端を、他のソースを真似てコーディングするしか能がなかった私にとって、インフラ（基盤）はまったく知見も経験もありませんでした。完全に手探りで期待もされずにはじまった「メンバーは私だけプロジェクト」でしたが――

結果を言うと、大成功でした。

システムを解析し、サーバーのOSインストールからはじめて1つずつ関連ソフトウェアを入れ、新基盤を構築。一人で何度も徹夜し、4ヶ月かけてなんとかクラウド基盤上で動作するところまでもっていけたのです。

この経験で、システムのなりたちや仕組みを体系的に理解するにいたり、それまで意味不明だったエンジニアの先輩方の会話が少しずつ理解できるようになりました。さらに、クラウドの手軽さ、便利さ、今後の可能性も体験できました。

自分は技術屋として三流である、という劣等感から解き放たれた瞬間でした。

それから1年ほどたったころ、子会社での人間関係も怪しくなってきました。また、転籍する前からずっと面倒を見てくれていた上司も会社を離れることに。

そこで私は「一人でもシステム作れるし、独立できるんじゃないか」と考えるようになりました。

それで一人でやっていこうと、ほとんど勢いで退職してしまったのですが……

07

一人で生きない
エピソード②「何をやってもうまくいかない」

一人でやったほうがうまくいくんじゃないかと思って、軽いノリで会社を辞めてしまった私。

その後、どうしたのかというと——

好きなことで生きていこう

驚くなかれ、私が会社を辞めて最初にやったことは、小説の執筆です（笑）。

当時の私が毎晩のようにふくらませていた妄想は、組織の歯車ではなく一個人として成功し、有名になること。

いま思えば噴飯《ふんぱん》ものの安易さですが、小説家になることは小さいころからの夢でもあったので、当時の私は真剣そのものでした。

小説家デビューすべく、だれにも執筆を邪魔されないように引っ越し、それまでの人間関係もスマホごとバッサリ。

それで、すがすがしく生まれ変わったような気持ちでした。

ちなみに住むことにしたのは、シェアハウス。

人嫌いのコミュ障なのに何してんねん！　という話ですが、衣食住をともにすれば友達ができるかもと期待したのです。会社を辞めて一人で不安だったし、あと、家賃も安くて一石二鳥やん、と。

結果は、ぜんぜんうまくいきませんでした。

キッチンにいたら何作ってるのか聞かれるし（話しかけられるの苦手）、排水溝は人の髪の毛で詰まってるし（他人の髪の毛怖い）、何より他人の生活音・ニオイがほんとダメで。

結局、そういうのから逃れるべく、シェアハウスなのに部屋のドアの隙間をクッションで埋めて引きこもることに。キッチンに行きたくなくて、部屋でバナナばっか食べるようになり、シャワーを浴びるのは、だれとも顔を合わせずに済むように早朝か深夜。それからしばらくして、無職で挙動不審だったせいで管理人さんから敵視され、わりと早い段階で追いだされます（涙）。

まあそれはともかく、貯金は２００万円あったので1年間は無収入でも生きていけると計算した私は、短期集中で勝負を決めるべく、バイトなどいっさいせず、１年間１００％のエネルギーを小説執筆にそそぐことにしました。

この間、勉強しまくって新人賞に応募しまくって、それでも結果が出なければスッパリあきらめて別の道を考える、と決めたのです。

１本目に書いたのは、元エンジニアで小説家として大成功した伊坂幸太郎さんを夢見て、精巧なプロットかつ読んで楽しいライトな文体のミステリー作品。しかし、書いているうちに脱線していってプロットはグダグダに。とり返しがつかないまま無理やり完結させました。

2本目は、恩田陸さんみたいな、キャラが勝手に動きだす系。しかし私が生みだしたキャラはぜんぜん動いてくれず、物語を進めるために新たな登場人物を増やしまくった結果、だれが主人公なのかもさだかでない代物になりました。

3本目は、三人称で書けばもっと高い視点から冷静に物語を進められるかもと思ったのですが、風景や心境などの描写をどのキャラの視点にすればよいのかわからなくなり、人称が混乱。致命的だったのが、他人の気持ちを想像できないこと。自分とかけ離れたキャラの言動が不自然きわまれりでした（白目）。

その後も書いても書いても一次審査すら通過できず、最後のころには「小説を書くのが好き」という気持ちは雲散霧消していました。

インフルエンサーを目指すことに？

小説執筆に1年間集中すると燃えていた私ですが、数ヶ月たって冬が近づいてくるころには、なぜかインフルエンサーを目指していました。

当時はとにかく何かのスペシャリストになりたいというあこがれが強烈で（小説家もこれなんですが）、一点集中しようとしたんです。

で、そのとき、精神安定剤がわりに読んでいた意識高い系の本に影響されまくった結果、インフルエンサーを目指すことになり、そうした本で謳《うた》っていた「だれでもできる」「個人で稼げる」方法をひととおり試しました。

具体的に何をしたかというと「ＹｏｕＴｕｂｅ」「クラウドソーシング」「ブログ」です。

ＹｏｕＴｕｂｅでは読んだ本をパワポにまとめて動画で解説したのですが、待てど暮らせどＰＶ数は一桁台をキープ。

動画を見直して客観的分析を試みると、内容以前に、声が微妙、話すテンションが低い、顔が見えない（そもそも顔出ししたくない）など、コミュ障的な難題が多すぎて挫折しました。

クラウドソーシングというのは、企業がネットで「1記事＝○○円」といった仕事を発注し、個人がそれを受注するものなんですが、いくつかやってみたものの時給換算したら数十円でした（笑）。

唯一ブログだけは「気が向いたら書く」というお気楽な感じにすることでなんとか続けることができ、3年後には月3～5万円をコンスタントに稼げるようになりました。

ちなみに私のブログで人気なのは、すぐに役に立つ具体的な情報を載せた短い記事。年末のお笑い番組をまとめた記事は、いまだにそこそこPVを稼いだりします。

ずっと逃げてたけど起業します

小説もダメ、クラウドソージングもダメ、YouTubeもダメと、まるでダメな無職だった当時の私には、もう1つやってみたいことがありました。

入社当初からじつに7年間、腹のなかで熟成（発酵）させてきた、起業です。

じつは在職時から、寝る前、ジョギング中、シャワー中など、何か思いつくたびにメモアプリにビジネスアイデアをメモし続けていたんですが、いざ具現化となると、会社を作ったり、資金調達に走り回ったり、売りこみプレゼンに特攻したり……ハードル高いなってビビッて先延ばしにしていました。

でもここに来ていよいよあとがなくなり、後悔もしたくなかったので、いっちょやるだけやってみようと本腰を入れることにしたのです。

独立・起業系の書籍を読みまくって、「よいものは営業なんかしなくても勝手に売れていく」という一説に希望を見出しました。

「自分には一流ではないにしろ6年間つちかったITスキルがあり、アイデアを形にすることだってできる。それがよいもので勝手に売れていくのなら、一人でも事業として軌道に乗せられるんじゃないか」と。

そんなわけで、「IT×新規事業」の方向で、書籍のテンプレートに沿って一人シコシコと事業計画を練りました。

ちなみにこのときは、すでに東京のシェアハウスを追われて単身引っ越して間もないころ。

越してきたのは、なんと福岡。

なぜ福岡かというと、どこか遠くの土地でまたリセットして気持ちを切り替えたかったから。図書館やネットなどインフラが整っていて家賃が安ければどこでも良く、北海道（北）か福岡（南）かで迷って、暖かそうな南にしました。

シェアハウスを追われた段階で、会社を辞めたことが両親にバレました。福岡に引っ越すときもさんざん止められたのですが、結局は「辞めちゃったもんはしょうがない。もう好きなようにしなされ」と生温かく見守ってもらうことに。

就職して実家を出てからというもの、両親とはほぼ音信不通で、自分はあまり関心をもたれていないと思いこんでいました。退職バレやら引っ越しやらで両親とも多少はゴタゴタしたのですが、反面、このときようやく両親が自分を心から心配してくれていると実感しました。

福岡に引っ越したときなど、母が「旅行のついでに」と寝袋をもって泊まりがけで荷ほどきに来てくれて、寒くないようにと暖かい部屋着やら生活雑貨やらを置いていってくれました。

父は「ママには内緒だぞ」と言って3万円、母は「たまには遊びに帰っておいで」と飛行機代に2万円、それぞれこっそり手渡してくれました。

両親が帰って一人で過ごした最初の夜は、さびしくて涙が出ました。

事業に着手
むしばまれる心と体

その後も、両親から毎晩のように電話をもらい、ポツポツと近況を伝えるなかで、自分が考えている事業計画のことも話すようになります。

父が興味を示してくれて、事業計画書を送ると「面白そうやん」と褒めてもらえたので、最初の事業はＩｏＴ系のモバイルアプリに決めました。指定のコースを走るだけで電子マネーが貯まり、コース上のコンビニや飲食店から、客の誘致による広告収入を得る、というものです。

当時、毎朝のように那珂川《なかがわ》に沿ってジョギングしていたのですが、「ジョギングがてらポイントとか貯まったらよいのになー」という思いつきから発展させたアイデアでした。お店からしても、客が増えたらＷｉｎ－Ｗｉｎなサービスになるんじゃないかと。

ただ、当時ＩｏＴはかなり最先端の技術で、エンジニアを雇うお金もなく、自分でアプリを作ったこともないので、どうやって実現したものかと悩んでいました。

そんな折、父が「アイデアだけでも特許とれることもあるから、先に申請してみればっ 知り合いの弁理士さんに感触だけでも聞いてみるよ」と言ってくれたのです。ガッツリ、お言葉に甘えることにしました。

しかし、弁理士さんの回答は「出してみないとわからない」というもの。出してみる、とはつまり特許出願審査請求を行う、という意味で、代理人に書類を作ってもらうなど含めると、20万円以上必要だとわかりました。

当然、そんなお金はなく可能性も低そうだったし、「じゃあやめときます」ってことにしたんですが、父がすかさず「お金ならオレが出しといたる」と言ってくれまして。またガッツリ、お言葉に甘えることにしました（結局、2年後に否認通知が来ちゃったんですけどね……お父さん、ごめんなさい）。

見知らぬ土地に一人きりで事業計画に夢をふくらませる一方で、会社を辞めてからずっと、

「何をやっても収入につながらない」

という現実がつねに頭の片隅にありました。

さらに引っ越しと税金（前年の所得に基づく！）で、なけなしの貯金が予定の倍以上のスピードで減り、精神的にも追いつめられました。

当時はそんな自覚もあまりなくて、わりとのほほんと過ごしていたつもりだったのですが、体は正直なもの。

ジョギングして自炊して会社員時代より明らかに健康的な生活を送っていたにもかかわらず、なぞの吹き出もので顔中ブツブツになっていました。

こうして私は知らず知らずのうちに、心と体をむしばまれていくのでした。

08 一人で生きない

エピソード③「失意のどん底」

「そろそろ帰ってきたら？」

そんな両親の言葉に甘えて、そそくさと実家に戻ってきた私。それから最初にやったことは、父の知人のビジネスインキュベータ（起業に関する支援を行う事業者）に会うこと。

父から「まずはプロに企画を見てもらって、次にどうするか相談してみたほうがいい」と言われ、六本木ヒルズのおしゃれなカフェで会うことになりました。

企画の内容は、福岡時代に思いついたランナー向けのスマホアプリ。

カフェに来たのは、自らも会社をいくつも経営しているというキチッとした服を着たナイスミドルでした。この人を「ビジネスインキュベータさん」と呼びます。

名刺を渡され、自分が名刺すら作っていない無職であることが急に恥ずかしくなった私は、この時点で完全にテンパります。

顔まっ赤っかのまま企画書を広げてプレゼンをはじめたのですが、企画書の1ページ目で止められました。

「そもそも、どうしてこの事業をはじめようと思ったの？」

ビジネスインキュベータさんに尋ねられ、コミュ障が爆発。私の脳裏には「無職のまま実家に寄生するわけにはいかないから」「会社にいられないから」「父に言われて」「小説家になれなかったから」などの言い訳が駆けめぐり、数秒間フリーズしました。

ようやく口から出てきたのは、

「ランニングしながら、お金が貯まったらうれしい人、いるかなって……思いまして……」

という消え入りそうな声。

そんなことをぼそっと告げた私に対して、ビジネスインキュベータさんはこう言いました。

「実際にモノがないとなかなか話を聞いてもらえないし、進まないから。まずはデモだけでも先に作りなさい。タダで手伝ってくれそうな人を紹介するから、一緒にやってみれば」

結局、企画に関してお話しできたのは10分程度で、あとは1時間ほど、ビジネスインキュベータさんの起業ドラマを私がインタビューする変な流れに。

最終的に、彼の知り合いの連絡先を渡されて「デモアプリができたらまた連絡して」と言われ、帰路につきました。

ポシャったビジネス企画1つめ

その翌月、紹介された「エンジニアさん（同年代）」と対面することになりました。

初回の打ち合わせで明確になったのは、技術的な問題と法的な問題。

企画段階ではお店の情報は地図で、ユーザーの位置情報はGPSでとれると考えていたのですが、

「GPSでは誤差が最大300メートル出るので、お金が発生するサービスには向かない。代わりにBLE（Bluetoothの一種）を使うべき」

とズバリ言われました。

また、次のように法的な問題についても指摘されました。

「お金をユーザーに付与する、というのは景品表示法にふれる可能性があるのでは？代わりにポイントを付与するのはどうでしょう？」

BLEも景品表示法も知らなかった私は、自分の無知さ加減が恥ずかしくてたまらず、張りぼての自信がペシャンコに。かつて会社で、経験もスキルも年齢も上のメンバーに囲まれてリーダーをやって、うつになったときの記憶がフラッシュバックします。

父やビジネスインキュベータさんの紹介という手前、とても口には出せなかったんですが、もうエンジニアさんが一人でやったらいいじゃん……って思ってました。ガラスのハートすぎる（笑）。

このままではまた自分の存在意義が失われる。そう危惧した私は、技術的な問題はエンジニアさんが、それ以外の問題は私が調査・解決するという、役割分担を提案しました。

ともかく父に環境を整えてもらい、いろいろな人に手伝ってもらい、企画はいよいよスタートすると思っていましたが——

その後、エンジニアさんと調査と打ち合わせをくり返し、企画は紆余曲折しながらまったく別のものに変貌していきます。

すえき「スマホアプリはかんたんに真似されるし、すでに類似サービスもある。また、差別化のために、自動ポイント付与以外の付加価値が必要だ」

エンジ「せっかくＢＬＥデバイスを店舗に設置するなら、それを使って注文や会計もスマホからできるようにしてはどうか」

すえき「自動ポイント付与機能つきのＰＯＳシステムを、２年間で３０００万円くらいかけて作ろう」

エンジ「タブレットＰＯＳ事業は５年ほど前から大手が参画しており、自動ポイント付与だけでは差別化としては弱い」

すえき「では、もっとニッチな業界に特化するのはどうか？」

エンジ「(いくつか候補を出したなかから)人間ドックはよいかも。市場規模が大きく、スケールする可能性が高い」
すえき「病院施設内にBLEデバイスを設置するのは、電波の影響などからむずかしそう」
エンジ「WEB上での事前予約&決済システムを作って、BLE通信による決済やポイント付与はその後着手することにしよう」

最初はただのスマホアプリだったはずが、いつの間にかな決済システムに。このあたりで、エンジニアさんとの連絡が途絶えがちになります。ずっとタダで手伝ってもらっていて、私も罪悪感と無力感にさいなまれていました。
そのうち、「こんなのはどうでしょう?」とメールするのさえ躊躇《ちゅうちょ》するように。それでも私は一人で調査を続けました。

❶「人間ドックの事前予約・決済システムとしては既存サービスがある」
⇩

❷「では、もっとニッチでこまやかなニーズにこたえるサービスにしよう」

⇩

❸「既存サービスがターゲットにしていない、
ネットをあまり使わない主婦向けのサービスを考える」

気がつくと、なぜかけっこう大がかりな主婦向けの人間ドッグ予約アプリを作ろうとしていました。

ニーズがないからだれもやってなかっただけなのですが、もう実家に戻ってから半年経過しており、考えるのも限界だったようです。

また、いろいろ手を尽くしてくれた父の期待もあり、途中で「やっぱむりぽ☆」と放りだすわけにもいかず……無意識のうちに「だれも目をつけてないブルーオーシャンだ」と自己暗示をかけていたのかもしれません。

ポシャった
ビジネス企画2つめ

いつの間にかまた一人になって別の事業計画書を作っていた私を心配して、また父が強力な知人を紹介してくれました。

ここでは「投資家さん」と呼ぶことにします。

事業計画書には、「ネットが使えない主婦向けの人間ドック予約アプリ」作りの必要資金として3000万円と記載しました。金額は、事前予約&決済システムの最低限必要な機能を作るだけの時間とエンジニアの平均単価をかけ合わせて算出したものです。

投資家さんに連絡をとり、またドキバクしながら、今度は相模大野駅の改札前のカフェで待ち合わせとなりました。

カフェに紙袋を提げて現れたのは、とても優しそうな雰囲気の、ラフな服装のおじさん。話しやすそうな人でよかったと胸を撫で下ろしつつ、自分でも不安な企画を息も絶え絶えになりながら説明。

投資家さんはあいづちを打ち、私のつたない説明に最後まで耳をかたむけてくれました。

そして「よくわからないから、まずは形にしてみたら?」と一言。そういえば、ビジネスインキュベータさんにもまったく同じことを言われたけど、あれから4ヶ月たってるのに何も形になってない(涙)。

そんなダメな私でしたが、投資家さんは「とりあえず1000万円」と出資してくださいました。

……めちゃくちゃ驚きました。その人にとってはポンと出せるお金だったのかもしれませんが、会社を辞めて1年、貯金を減らしてきた私にとって、1000万円は目のくらむ大金です。

でも、これはすごいチャンスをつかんだぞ! と。そして、はじめて認めてもらえた喜びと安心感に包まれました。

その後、本を読みながら法人登記などもろもろの手続きを済ませ、株式会社と会社用の口座を作って、投資家さんからの資金1000万円の受け皿としました。

会社設立の手続きを進めているとき、前職でお世話になった方から飲みのお誘いが来ました。こういう連絡ははじめてで驚いたのですが、ちょうどエンジニアも探していたので（エンジニアさん一人ではどのみち足りない）うまくいけば紹介してもらえるかも、と飲みに行くことに。

飲みの席で会社設立の話をしたところ、その方にサポーターになってもらえることになりました。この人を「サポーターさん」と呼ぶことにします。

サポーターさんは、私より一回りほど年上で、ベンチャーの創業メンバーから取締役になった方。だから、起業してがんばっている人を応援したい、と申しでてくれたのです。

具体的な企画の内容と、システム作りのためのエンジニアを探している旨を伝えると、サポーターさんは渋い顔をして言いました。

「まずはＨＰを作って、コラムを書いて読者をつかむ。サービスを知ってもらうのが第一」

「最初にモノ（システム）を作ると、ほぼ100％失敗する」
「最初は顧客なんて数人なんだから、サービス提供はシステム化せず手動でやればいい」
「いきなりお金は使わない。まずはタダでできることを全部やる」
「手動で顧客にサービスを提供して、フィードバックをもらいながらサービスの形を決めていったほうがいい」

どれもこれも経験に基づく納得感のあるアドバイスで、サポーターさんが本気で考えてくれていることが伝わってきました。しかもやるべきことが具体的だったので、「これなら自分にもできそう！」と思えました。

そこで、自分で考えていた計画はいったん白紙に戻し、HP作りからとりかかることに。

いつまでにHPを作って、いつまでに何本コラムをアップして、という具対的なスケジュールをサポーターさんがバシバシ作ってくれ、自分のタスクが明確になりました。

私は余計なことは考えず、それをひたすらこなすだけでよくなったわけです。

会社を辞めてからは一人で悩み、申し訳ないと思いながら人にお願いしたりしていたので、人から言い渡された仕事をただこなす、というのは久しぶりでした。

不思議とこのおかげで、すごく精神的に安定しました。悩みがないだけでこんなにも手が速く動くのか、と自分でもびっくりするほど。


HPを作って3ヶ月くらい、人間ドック関連の記事をアップする日々が続きました。記事が百本を超え、サイトも育ってきたな、と思った矢先——なんともタイミングの悪いことに、WELQ問題が起こります。


WELQ問題というのは、2016年末、ヘルスケア情報キュレーションサイトWELQが、医学的根拠のない記事を拡散していたことが問題視され、閉鎖に追いこまれた騒動。ネット上のあらゆる医療系情報サイトが次々に自主閉鎖したのです。

これにはどうしようもなく、サポーターさんも「これから、医療系はちょっとむずかしいかもしれませんね」としょんぼり。

結局、このビジネスも軌道に乗る前に立ち消えになりました。

ポシャったビジネス企画3つめ

実家に戻って1年。自分なりに精一杯やったにもかかわらず、状況は福岡から戻ってきたころから一歩も前進していませんでした。

それで、いい加減キレた私はついに決断します。自分でアプリ作れるようになろうと。何度もチャレンジすることや修正することを考えて、自分で作れるようになったほうが早いし安上がりだと考えたわけです。また、クソ真面目に企画を考えると来来来世になっちゃうので、どんなアプリにするかはすごく適当に決定。ズバリ、自分が欲しいと思うアプリです。

人間より動物のほうが好きな私は、「ペットよいなーもふもふしたいなー」といつも思っていました。しかし、実家なのでおいそれと飼えない！

そこで、一時的な「あずかり」なら、動物にもふもふできるんじゃないかと思いつき、私と似たようなニーズをもつ人もきっといる、と考えました。そして、「ユーザー同士でペットをあずけたりあずかったりし合えるＳＮＳアプリを作ろう！」と。

完全に自分がもふもふしたくて作りはじめたアプリでしたが、時間がたつにつれ、ペットの里親探し等にも貢献できそうだ、とか欲が出てきました。

さらに、アプリのターゲットも変わっていき、動物好きな人からペットショップのオーナーやら動物愛護センターへとブレていくことに。

あと、たくさんの人に使ってもらいたいので無料で提供することにしました。ユーザーが増えたら広告でも出して、アフィリエイトで儲ければいいやというわけです。


自腹を切って15万円でオンラインのプログラミング教室「ｉＰｈｏｎｅアプリ開発コース」を受講しました。期間は3ヶ月。Ｘｃｏｄｅのインストールからはじめて、「やっぱＩＴ嫌い」と涙目になりながら毎日トライ&エラーをくり返す日々。

リリースした後「こんなショボいアプリ、だれも欲しがらないよ」とバッシングされる恐怖にさいなまれ、知らず知らずのうちに機能がどんどん増えていきます。

引きこもってほとんど眠らずコーヒー（目覚まし）とウイスキー（精神安定）を交互

に飲んでパソコンに張りついていたせいか、4キロやせて肌もボロボロになりました。

オンライン講座の受講期間が終わってからも開発を続け、スタートしてから5ヶ月後、なんとかＡｐｐＳｔｏｒｅにリリースすることができました。

リリースし、ＡｐｐＳｔｏｒｅの新着アプリのページに自分のアプリが載ったときはとてもうれしかったです。

ついにやりきったぞ！　という達成感と自分を褒めてあげたい気持ちでいっぱいになりました。


しかし、30分ほどたってから新着ページをのぞくと、もうそこに私のアプリはありませんでした。

アプリ名で検索しても、上位に出てくるのはペット関連の違うアプリばかり。

私のアプリは、存在しないも同じでした。

そして2週間後。その間、アプリに登録してくれたユーザーは四人。あずけたいペットを登録（写真アップロード）してくれた人はたった二人。15万円も自腹切ったのに！5ヶ月もかけたのに！　無料なのに！（血涙）。

あずけたい人とあずかりたい人がマッチングしないため、専用チャット、あずける期間や条件の交渉機能など死ぬほど時間をかけて作ったものは、だれにも使われませんでした。

その後、完全に燃えつきた私は、失意のどん底で配送業のアルバイトをはじめます。借金を抱えたなどの致命的な大失敗はしていないものの、何をやってもとっかかりすらつかめず、人生がゆるい傾斜を滑り落ちていくようで不安でした。

しかしその一方で、自分のうちにちょっとした変化を感じていました。他人を遠ざけて一人で生きていこうとしてがんばり続けていましたが、気づくといつもだれかに助けられてばかり。

人ってありがたいなと。

09 一人で生きない
エピソード④「いつも助けられてばかり」

自分で言うのもなんですが、ペットあずかりアプリ自体の完成度は高かったと思います。数少ない知人にも見せましたが、みんな「すごいすごい」「え、一人で作ったの!?マジで!?」とびっくりしたり褒めたりしてくれました。

では、何がいけなかったのか。

アプリをリリースした直後、前職でお世話になった方など数名に、「アプリを作ったので、感想お願いします！」と連絡をしていたのですが、うち二名と直接会い、次のようなフィードバックをもらいました。

「アプリは公開前に、広告宣伝会社に依頼を出し、ちゃんとプロモーションしないといけない」

「個人でお金かけずにやるにしても、せっかく作ったんだからプレスリリース出したりSNSで拡散させるとか、もっとできることはあったはず」
「そもそもペットを知らない人にあずける、というのはハードルが高いのでは」
「なんで無料？　有料のほうが信頼できるユーザーが増えそうなのに」

二人からもらったアドバイスをまとめると、多くの人に知ってもらうための基本をやっていない、どういう人が利用するかという見立てが甘い、というすごく基本的なことでした。

少し考えればわかりそうなことなのに、それでも当時の私が思いつかなかったのは、ずっと一人で考えていたから。人の意見に聞く耳をもたず、独立したんだから一人で何もかもやらなきゃいけないと、勝手に気負いすぎていたのかもしれません。

配送業をアプリで救おう

配送業のアルバイトをはじめてしばらくたったころ、私は再びやる気をとり戻し、次のアプリを作ろうと考えました。せっかくアプリを作るスキルを習得したので、元をとらねばなりません。

前回の反省を活かし、自分一人で考えるのではなく、人の悩みを直接聞いて、それを解決するアプリを作ることにしました。

そこで私が行ったのは、アルバイトをフルシフトにすること。フルシフトで入れば、配送業の問題点に気づけるかもしれないし、現場の人とも深く交流できると思ったのです。それで得た知識で、配送業のトラブルを解決するアプリを作ろうというわけです。

配送のバイトがどんな感じだったか説明すると、まず、朝7時にセンターに集合します。それからセンターで荷物の仕分けを手伝い、自分の車に荷物を積みこみ、配る。このくり返しを朝、昼、夕方と三回やって、終わるのは夜の8〜9時。

フルで入るまでは、だれかの車に同乗して一緒に荷物を配る手伝いをするくらいだったのですが、フルになったことで一人になり、自分の車を任されました。

車はワンボックスカーで、トランクをガバッと開けて荷物を積んでいきます。センターでの積みこみ作業が肝で、ルートに従っていかに効率的にとり出せるかを考えて、積みこんでいくのです。

センターを出たら、地図上のマークに沿って移動し、マークの位置に着いたらクリップの一番上の伝票をとり、その伝票の荷物をトランクからとり出し、配るだけ。だけ、と書きましたが、このセンターでの作業を含めた一連の仕事を、私は人並みにこなすことができませんでした。

恥ずかしいのであまり書きたくないのですが、私が何度もくり返したミスを箇条書きにします。

・地図を覚えられないので、マークをつけるのが遅い
・積みこむ前にバーコードを端末で読む作業を忘れて、一からやり直しになる
・積みこんで地図も覚えたけど、伝票をはがすのを忘れる

私がのろのろと地図にマークをつけたりしている間に他の車は次々と発車していき、焦りとさびしさを感じたのを覚えています。

また、ウケ狙いでやっているのかと疑われるほど、一日に何度も、開いたトランクに頭を強打して呆れられていました。基本的に時間に遅れそうで慌てているので、事故を起こしそうになったことも一度や二度ではありません。実際、二回ほど軽くぶつけました。

最初はいいダイエットになる、くらいに思っていたのですが、1週間くらいたつともうひたすらしんどかったです。しかも、お中元のビールとか缶詰とか重い荷物が多かったのもあり、フルシフトをはじめて1週間もたたないうちに腰痛に悩まされるようになりました。

お手伝いの期間を含めると1年ほど続けたバイトでしたが、繁忙期が終わったタイミングで「フルシフトは今月いっぱいで辞めさせてください」と敗北宣言しました。

結局、もともとの目的であったアプリの開発はできませんでした。

というのも、配送現場にいた人たちのほとんどが40、50代以上の男性で、スマホもゲームと電話くらいにしか使わない、なんだったらまだガラケーを使い続けている、という感じで、仮にアプリを作ってもまず使われないだろうなと確信したのです。

アプリとかＩＴという単語に拒絶反応を示す人も多く、ろくに話もできなかったのが実情です。

他にも理由はたくさんあり、配送業のアプリ作りは断念しました。

急にサポーターさんから仕事をいただく

配送業のバイトをお手伝いシフトに戻した私は、次のアプリをどうしようかと焦燥感に駆られていました。

私は迷ったらいつも本を頼って、とりあえず一歩を踏みだすということをしてきたので、このときも本を読みふけります。そのなかで、『覚悟の磨き方　超訳吉田松陰』という名言集に出会いました。

たとえば、こんな名言が載っていました。

時代に新しい風を吹かす

自分の信念を貫こうとすれば、
どうしても「極端だ」と言われてしまうものです。
でもまわりから「極端だ」と言われるくらいじゃなければ、
この濁った世の中に、〝新しいもの〟なんて
生み出せないでしょう。

やればわかる
行動を積み重ねましょう。
必要な知識や言葉は、やっているうちに身につきます。

そこに未来がある
自分の心がそうせよと叫ぶなら、
ひるむことなく、すぐに従うべきだと思います。

『覚悟の磨き方　超訳吉田松陰』（サンクチュアリ出版）より

どのページを開いても元気が出る言葉が載っている素敵な本で、朝起きたらすぐにそれをパッと開いて読むのが日課になりました。

そこで、ふと思いついたのです。毎朝、元気が出る言葉がスマホにプッシュ通知されたらよいなと。しかもそれって、アプリでできるんじゃないの、と。自分で作れるんじゃないの、と。

言葉は自分で登録でき、通知条件の日時や場所もユーザーが指定できるようにして、通知される言葉は登録リストからランダムで選ばれるように設計しました。

題して、「ビビッと来たオレの名言集」。

ペットあずかりアプリと違ってシンプルな機能だけだったので、まずはフィードバックをもらうためにデモを作ろうとやってみたところ、1週間ほどで形になりました。

すぐに、ペットあずかりアプリのとき、フィードバックをくれたサポーターさんに、「次のアプリを作っているのですが、また飲みに行きがてら見てもらえませんか?」と連絡し、快諾いただきました。

そして、飲みの席でもらったフィードバックは、

「元気が出る言葉をリストアップしている人って、あまりいないと思う」
「登録するのが面倒くさい」
「プッシュ通知とか普通の人はウザいと思うし、許可されなかったらアプリの存在価値が……（苦笑）」

さんざんでした。

しかし、今回はさほど労力をつぎこんでいなかったので、そこまでダメージはなかったです。これは自分のなかで、個人利用のために作ったということにしよう、とその場でひっそり決めました。

そのとき、サポーターさんにアプリ開発に使った言語や技術要素についてもいろいろと聞かれました。

ペットあずかりアプリ開発の際に必要以上に作りこんだおかげで、幅広いスキルや当時の最新技術についても30分でも1時間でも語れるくらいの知識が身についていたので、話題にはコトかきません。

サポーターさんも取締役という肩書ですが、技術畑出身で、いまでも隙あらば開発チームの一員として手を動かす、というタイプ。

話は大いに盛り上がりました。

なかでもサポーターさんが食いついたのが、私が「1週間」でアプリを作ったという点。

デモとは言いつつ、見た目や操作感はほぼ完成形に近い状態だったので、一人で、しかも1週間でモバイルアプリを作れる人間、という点が注意を引いたのだと思います。

そして、サポーターさんは唐突に提案してきました。

サポタ「いまは、アプリ開発以外やってないんですか?」
すえき「はぁ、まぁ。配送のバイトは週一でやってて、あとはブログくらいですね」
サポタ「では、あんまり収入ない?（ズバリ）」
すえき「……ないです（恥）」
サポタ「もしよかったら、私のお手伝いしてくれませんか?　業務委託契約で、月60でどうでしょう?」

ご愛読誠にありがとうございます。

読者カード

●ご購入作品名

●この本をどこでお知りになりましたか？

年齢　　歳　　　　　性別　　男・女

ご職業　1.学生（大・高・中・小・その他）　2.会社員　3.公務員
4.教員　5.会社経営　6.自営業　7.主婦　8.その他（　　　）

●ご意見、ご感想などありましたら、是非お聞かせ下さい。

●ご感想を広告等、書籍のPRに使わせていただいてもよろしいですか？
※ご使用させて頂く場合は、文章を省略・編集させて頂くことがございます。
（実名で可・匿名で可・不可）

●ご協力ありがとうございました。今後の参考にさせていただきます。

郵　便　は　が　き

料金受取人払郵便

渋谷局承認

9280

1 5 0 8 7 0 1

0 3 9

差出有効期間
2022年6月
30日まで

東京都渋谷区恵比寿4－20－3
恵比寿ガーデンプレイスタワー8F
恵比寿ガーデンプレイス郵便局
私書箱第5057号

株式会社アルファポリス
編集部 行

お名前
ご住所　〒 TEL

※ご記入頂いた個人情報は上記編集部からのお知らせ及びアンケートの集計目的以外には使用いたしません。

すえき「え、60万円ですか⁉ すごい！ 本当にいいんですか⁉ やったー！
ありがとうございます！ 私にできることならなんでもやります！」
サポタ「たぶん、末岐さんなら楽勝ですよ。むしろ退屈だったらすみません」

その場で業務内容や労働時間などをかんたんに話して、「じゃあ、契約書はメールで送ります」と居酒屋をあとにしました。

個人事業主になってから初の受注。

楽しく飲んで、アプリのフィードバックをもらうだけのつもりが、意外な結果になりました。

なんとも呆気なかったですが、会社を辞めてほぼ1年半、一人では何をやってもぜんぜん稼げなかったお金が、急に舞いこんできた瞬間でした。

コミュ障でも一人では生きられない

私はチームプレイが苦手で、会社に所属していたときも一人で仕事をしていたほうがうまくいくことが多いタイプでした。しかし、いざ独立して一人で稼いでみようとすると、まったくうまくいきません。越えられそうもない壁にぶつかり、何度もくじけそうになりました。

そんなとき、**いつも助けてくれたのは自分の近くにいた人たち**です。

福岡で迷走していたときは両親に助けられ、起業してアプリ作りに奔走していたときには、かつて仕事でかかわってきた人たちに支えられました。

もちろん、一人で覚悟を決めてやることもすごく大切です。安易に人に頼ってしまうのもどうかと思います。

ですが、これまで書いてきたように、コミュ障の私でもそれなりに食べていけるくらいに稼げるようになったのは、人の助けがあったから。

組織を離れ、人とのかかわりを避けて一人で生きていこうとしてから、私は逆に人のつながりの大切さを痛感しました。とはいえ、私と同じような一人でいるのが好きなコミュ障に、人を大事にしなさいとか、人脈を広げようとか言うのも違うと思います。

私が主張したいのは、そこまで大げさなことではなく、**まずは身近な人に信頼してもらう**、ということ。

そんなちょっとしたことからはじめてみると、困ったときに思わぬ助けが得られるようになるかもしれません。

まとめ

- **コミュ障といえど、「人のつながり」は大切に**
- **まずは「身近な人」に信頼してもらう**

10

1つに頼らない
エピソード①「イッパイアッテナ的生き方」

『ルドルフとイッパイアッテナ』という絵本をご存知でしょうか。

２０１６年に映画化されたので、内容は知らなくても名前くらいは聞いたことがあるかもしれません。

私は子供のころにこの絵本に出会い、大きな影響を受けました。導入部分をかんたんにまとめると次のような感じです。


迷子になって家に帰れなくなった飼い猫のルドルフは、ひょんなことから野良猫の「イッパイアッテナ」と出会います。

イッパイアッテナという変な名前なのは、野良猫が「俺の名前はいっぱいあってな」と言った際、それが名前だとルドルフが勘違いしたため。

イッパイアッテナは、エサをくれる人々からそれぞれ違う名前で呼ばれ、たくさんの人に可愛がられながら、野良猫生活を謳歌しています。

ルドルフはそんなイッパイアッテナから生きる知恵を学びながら、たくましく成長していく。

当時子供だった私は、ルドルフのように住む場所とご飯をくれる人を失ってしまったら、と想像してとても怖くなったのを覚えています。その一方で、

イッパイアッテナって最強やん！

と感激していました。

イッパイアッテナはだれの機嫌をとるでもなく、自由で、ルドルフの面倒を見てあげる余裕があり、かしこくて、とてもカッコよく生きている。

子供心に、こんなカッコいい師匠に出会えてルドルフはラッキーだなと思い、あこがれたのです。

「1つに頼らない」に目覚めたきっかけ

自由なイッパイアッテナへのあこがれは、大人になっても消えませんでした。

強く意識していなくても、社会に出たら、イッパイアッテナのように自由でカッコよく生きたいなと思っていたのです。

しかし実際には、正反対の生き方をしていきます。

いかに周りの人より秀でるか、稼ぐか、評価されて自分の居場所を作るか、そういったことで、社会に出て間もないころの私は頭がいっぱいになっていました。

会社時代のことはすでに書きましたが、そんな生活をするなかで、私は心のバランスを崩してしまいます。それでも、自信も貯金もスキルもなく、頼れる人もいないので、なし崩し的に会社にしがみついていました。

ビジネス書を読みあさるようになり、当時新しい職業として注目を浴びつつあったY

ｏｕＴｕｂｅｒや、ＳＮＳで目立った活動をするインフルエンサーの発言を追うようになりました。

そしてふと気づきます。彼らは、イッパイアッテナのような生き方をしていると。インフルエンサーたちは次のような発言をよくしていました。

「1つの会社にしがみついていて、その会社が倒産したらどうするの？　クビになったらどうするの？」

「1つのスキルだけみがいて、それが必要とされない社会になったらどうするの？」

「収入源が複数あれば1つダメになっても安心でしょ？　俺はそうやっていま自由に生きてるよ！」

これらの声と、自分のなかでふくれあがっていた「このままでいいのか」という疑問の声、そしてイッパイアッテナへのあこがれ、それらが結びつき、私はなかば衝動的に会社を辞めるのです。

イッパイアッテナの生き方とは

ここでいったん、イッパイアッテナの生き方について解説します。

イッパイアッテナは住むところも、エサをもらう先もたくさんもっています。なので、そのうち1つがなくなっても、がっかりはするでしょうが、大きくダメージを受けることはありません。心と体を壊してまで、会社にすがっていた私とは大違いです。

このイッパイアッテナの生き方のベースになっているのは、ちょっとむずかしい言い回しをすると、「リスク分散」の考え方です。

投資の世界ではポートフォリオを組む、すなわち、リスクを分散させることが推奨されています。1つの会社の株に全財産を注ぎこむことは普通はしないのです。大儲けするか、全財産失うかわからないからです。

複数の会社の株を買っておき、どれかが暴落してもすべてを失わないようにしておく。

もっというと、資産がすべて株だと、景気が悪くなったときに全滅してしまう可能性があるので、一部は預金、一部は株、一部は金《ゴールド》、一部は国債、一部は不動産というように、資産を分散させるのが理想とされています。

私は、こうした考え方を人の生き方自体にも適用すべきだと思っています。つまり、**収入源も、人間関係も、大切なお金の管理先も、1つではなく複数に頼るべき**だと考えているのです。

元からそういう生き方にあこがれを抱いていたというのもありますが、実際に社会人として働くなかで、その考えは強くなりました。

1つに頼る生き方からは逃れがたい

イッパイアッテナ的生き方を改めて意識するようになってからも、私は会社に勤め続けました。会社を辞めたとしても、現実的なプランが思い描けなかったからです。

こういう考え方をする人は多いと思うのですが、会社を辞めて食いっぱぐれないためには、手に職が必要だと思いこんでいました。つまり、何かのプロフェッショナルにならなければいけないと考えていたのです。

そして、プログラミングを必死にがんばり、スーパーエンジニアとまではいかないまでも、エンジニアとしてのスキルに自信をつけることができました。それで、まあなんとかなるだろうと甘く考えて会社を辞めたのですが……

手に職をつけて安心したいという願望はそれだけにとどまらないどころか、間違った方向に悪化しました。その後、なぜか小説家を目指すことになって迷走していくのは、すでに書いたとおりです。

会社という組織を離れ、自由を手に入れたかと思ったのですが、1つに頼る生き方から逃れることができなかった私は、今度は手に職をつけることや、肩書きにすがろうとしてしまい、結果として不自由な生活を強いられたというわけです。

リスクは予測できない

1つの会社にとどまって心身のバランスを崩し、1つの技術を極めようとして人生の迷子になった私。

そんなふうに回り道するなかで、気づいたことがあります。リスクはいつ起こるか、どこからやってくるか、本当にわからないということです。

再び、『ルドルフとイッパイアッテナ』の例で見てみます。

ルドルフは、飼い主を信じて疑わなかったし、飼い主もルドルフを捨てようなどとは考えていませんでした。

それにもかかわらず、長距離トラックの荷台でうたた寝してしまったせいで、彼は見知らぬ東京で一人ぼっちになってしまいました。いつものうたた寝が、運命を激変させるリスクになったのです。そんなこと予期しようがありません。

私の場合、人生を変えてしまうようなリスクは、自分のなかにありました。コミュ障の自覚は以前からありましたが、まさか会社員としてここまでうまくできないとは思っていませんでした。

リーマンショックの際、たくさんの従業員が突然解雇されて路頭に迷いました。それと同じようなことはいつ起こるかわかりませんし、規模は違えど似たようなことは日々起きています。

現代社会は、いろんなことが絶えず変化しています。今日当たり前だったことが、明日もまた同じとは限りません。人生を変えてしまうようなリスクの予測は、ますます不可能になってきたように思います。

だからこそ、１つに頼りすぎてはいけないし、すべてを失わないように、分散すべきだと感じるのです。

人に期待するのはやめよう

私は人に何も期待していません。

そう言うと、ドライに思われるかもしれませんが、その一方で、自分を助けてくれた人たちのことは本当に大切に思っています。どんなときでも私を裏切らないとさえ信じています。

しかし、信じると同時に、その助けが得られなくなったときのための対策をつねにしています。安定して報酬をいただいている取引先がなくなったり、もっているスキルが時代遅れになっても収入が途絶えたりしないように、まったく違うジャンルの仕事をつねに3~5本を並行して走らせています。それに加えて、いつでも「仕事くれませんか?」と相談できる取引先も複数あります。

信用していないからそうしているのではありません。予測不能な事態がいつ起きてもおかしくないと思っているので、バックアップをとっているのです。

コミュ障は視野が狭くなりがち

章冒頭にも書きましたが、「1つに頼らない」ことは、コミュ障がとくに意識すべき考え方です。

私もコミュ障だからわかるのですが、相談相手が少ないので、**コミュ障は一人で考えこみ、1つの選択肢に自分を追いこんでしまう**傾向が強いです。

「いまいる会社に見捨てられたらおしまい」だとか、「この人に嫌われたら生きていけない」とか、「ちょっとした失敗で人生終わりだ」とか、本来たくさんの選択肢があるはずなのに、余裕ある視野をもてなくなってしまうのです。

世界は自由で楽しいもの。

イッパイアッテナのように、世界をそんなふうにとらえるためにも、「1つに頼らない」という考え方をもつことがとても重要だと私は思っています。

11

1つに頼らない
エピソード②「働き方で人生を楽しくする」

「1つに頼らない」の発展型として、私の働き方について具体的に書きます。「**無理はしない**」「**自分の能力を広げられる**」、それでいて「**人生が楽しくなる**」働き方なので、フリーランスに限らず会社に勤めている方も、よかったら参考にしてみてください。私は仕事をする際に、次の3つを大事にしています。

❶ **安定した収入源の確保**
❷ **新しいことをやる**
❸ **かけ合わせる**

では、1つずつていねいに解説していきます。

安定した収入源の確保

なぜ安定した収入源の確保が大事なのか、それは言うまでもないと思います。収入がないと生活できませんからね。

でも、私のようにフリーランスをしていると、それを維持するのはかんたんではありません。安定にしばられると身動きがとれなくなるので、あえて避けることもあります。ただし、安定した収入源を甘く考えるのは危険です。私は実際に、甘く考えて痛い目にあいました。

私が会社を辞めて、無謀にも小説家を目指したことはすでに書きました。それで、3つの作品をすんなり生んだように書いたのですが、かんたんではありませんでした。完全な無収入になったのは人生ではじめてだったのですが、しだいに執筆どころか日常生活さえうまくいかなくなったのです。

次の住む場所をどうしよう、貯金が尽きたらどうしよう、小説家になれなくて再就職もできなかったらどうしよう、もうすぐ30歳になって結婚もできなかったらどうしよう。そんな、**どうしよう地獄をさまようばかり**で、まったく小説に集中できなかったのです。

それで、そういう状況になってみて気づきました。安定した収入源を失うと、心が不安定になってしまうと。お金が減っていくという感覚が、知らず知らずのうちに強いプレッシャーとなり、私の心をむしばんでいたのです。

ちなみに、プレッシャーを受けていたほうが高いパフォーマンスを発揮できるタイプの人もいるそうです。自分を追いこんで逃げ道をなくし、成果を上げていく人たちです。でも、私はまったく逆です。プレッシャーを感じると、いつもならできることができなくなります。

ともかく、**安定した収入源が心に余裕をもたらしてくれる**のは、どんな人にでも当てはまることかなと思います。なので、無理をして自分を追いこみたいという人以外は、やはり安定した収入源を確保しておいたほうがよいと感じます。

このように、心に余裕をもたせることを意識して働くというのは、会社に勤めている方でも重要な考え方です。定期的に契約をくれる営業先だとか、安定して売れる商品だとか、そういったものを確保しておくと、精神的にラクになるものです。

仕事の延長線上で新しいことをやる

安定した収入源を確保したうえで、次にやっておきたいのは、**新しいことへの挑戦**。挑戦といっても、そんなに大変なことではありません。私が実践している新しいことの多くは、いまやってる仕事の延長線上のものです。

エンジニアの開発系の仕事でいうと、未経験の言語、未経験のフレームワークを使った開発、未経験の役職などがそれにあたります。

私がやってきたのは、Ｊａｖａしか知らないくせに「お任せください！」と言って未経験のＰＨＰやＰｙｔｈｏｎの案件をやらせてもらうとか。これまでフロントしかやってこなかったけど、バックエンドに挑戦してみるとか。もしくは、開発者だったけどマネージメントに挑戦してみるとか。

もちろん、最初はそれなりにがんばらないとダメだし、うまくいかないこともあるのですが、**やってできないことはない、というのも多い**んですよね。

そして、こんな感じでちょっと自分に負荷をかけて仕事をしていくと、筋トレすると筋肉がつくのと同じように、知見やスキルがレベルアップします。しかも、できることが増えるにつれ、新しいことをやるときの負荷はどんどん減っていきます。つまり、やればやるほどラクになります。

なぜかと言うと、この言語はあれと似てるな、とか、このフレームワークはあの案件でいうあの部分と同じだな、という具合で差分アップデートになるので、やればやるほどスキルアップのスピードが加速するんです。

いまではたいていのことは1ケ月もあればキャッチアップできるようになりました。信頼関係もあり、未経験でもコイツなら任せられると評価され、重宝されたりします。

また、新しい技術を追っているので私自身が陳腐化しませんし、いまの技術でこういうことはできないか、という相談に乗ることもできるようになりました。

まったく別ジャンルの新しいことをやる

仕事の延長線上にある新しいことをやる一方で、私は**まったく別のジャンルの新しいことにも定期的に手を出す**ようにしています。

とはいえ、あまりがんばるとしんどくなるので、すごくささいなことです。たとえば、ふだんは読まないような本を読んでみるとか、新しい趣味（デッサン、ピアノ、筋トレなど）をはじめてみるとか、行ったことのない場所に行ってみるとか。

いっとき「人狼《じんろう》」が流行っていたのでボードゲームをやってみようと思いたち、キャッシュフローゲーム会というのに参加しました。

それがきっかけで、その場にいた人たちとの交流よりもむしろ不動産投資に強く興味をひかれ、そこから不動産投資関連の本を読みあさり、いまでは不動産投資用の会社を作って新米投資家としての仕事もしていたりします。

別に、仕事につなげようとかアイデアをひらめきたいとか、下心があったわけではありません。趣味とか生きがいとかを血まなこで探す、というのはなんだか違う気もしますし。気分転換に、違うこともやってみよっかなーくらいのノリではじめたのです。

そのまま一回きりで終わってしまうこともたくさんあるし、不動産投資や、この本の執筆のように、面白い仕事や出会いにつながることもあります。何がどうなるかなんてわからないのですが、年に数回でもこういうお遊びを入れるようになってから、**人生に退屈しなくなりました**。

次につながるものをかけ合わせる

ちょっとテクニック的な話になるのですが、私が仕事を受けるときに重要視している点があります。それは金額でも期間でもメンバーでもなく、**次につながる可能性が高そうかどうか**、です。

具体的には、「これから伸びそうな新しい技術を学んだり使ったりできる案件」「自分のことを気に入ってくれて、長く使ってくれそうな人がいるプロジェクト」「アピールしやすい実績になる仕事」というのを積極的にやるようにしています。

もちろん、そのまんま仕事につながることもありますが、狙いは、**かけ合わせて面白そうな事業や企画にすること**。

散歩をしながら、シャワーを浴びながら、寝る前などふとしたときに考えるのです。習得したスキル、つながった人、積みあげた実績などをかけ合わせて、面白いことができないかなーと。

私はずっとブログや小説家を目指すことで文章を書き続けてきたのですが、これと仕事の経験をかけ合わせて、本を出せないかなと思いつき、出版企画書を書きました。それがこの本につながっています。

ほかにも、不動産投資を実際にやってみて学んだ知見や課題をエンジニアとしてのスキルで解決できないかと思いつき、いままさにアプリを開発中です。物件を買うときにお世話になった人たちや、同じように不動産投資をしている仲間にアドバイスをもらいながら、楽しく開発しています。

このアプリ、作ってもあまり使われずに終わっちゃうかもしれません。でも、もしかしたら大きな事業に成長するかもしれません。どうなるかはわからないのですが、このチャレンジ自体がとても楽しいのです。

面白いことをして人に話そう

会社に勤めていてもフリーで仕事をしていても、**自然と自分の得意分野は狭まってしまう**もの。専門性が高くなっているとも言えるのですが、その分野が好調なときはよいものの、そうでなくなったときは大変です。私の業界では、プログラミング言語のトレンドが忙《せわ》しなく変化するので、流行の言語を意識していないと、すぐ置いていかれてしまいます。

そんなわけで、「新しいことをやる」「かけ合わせる」がとても大事。ですが、何をやるのでも、「安定した収入源の確保」が要《かなめ》となってくるのです。

さらに、楽しく仕事をするうえで大切だと思っているのが、自分で**面白いと思えることをして、それを人に話す**こと。

私は、「面白い」と評されることがたまにあるのですが、それを言われるようになったのは、自分なりに本心から面白がって企画を考えて実行して話すようになってから。

一人だとかんたんにやめられちゃう事業や企画も、人を巻きこむと盛り上がるというか、熱量が増えるんですよね。

うまくいかなかった企画もたくさんあるのですが、そのときにつながった人としばらくしてまた一緒に仕事する機会がめぐってきたりします。

まとめ

- **「1つに頼らない」生き方をする**
- **「安定した収入源の確保」「新しいことをやる」「かけ合わせる」**
- **面白いことをやって「人に話す」**

第3章
［お金］

お金の心配をなくす方法

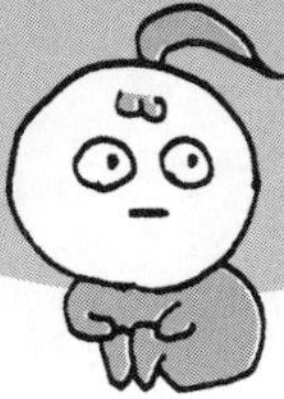

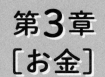

ぼっち社会人の「お金」の原則

「たいまつ」「地図」「防具」「武器」

「今後どうやって生きていったらいいんだろう」

そんなふうに考え、不安になることはありませんか？

私は20代のころ、仕事なし、コネなし、金なし、スキルなし、時間なし、おまけにコミュ力もなければ、友達もいない、というないないづくしで、とにかくいつも不安でした。

それで、そうした不安のなかで一番のものってなんだろうと考え、1つの結論にたどり着きました。

ズバリ、お金の心配です。

怪我や病気で働けなくなったらどうしよう、クビになったらどうしよう、老後にお金がなくなったらどうしよう。不安にもいろいろありますが、結局、その根底にはすべて、お金の心配があると気づいたのです。

そもそも、人はなぜ不安になるのでしょうか。

それは、いつ不幸がやってくるかわからないから。事故にあう、会社がつぶれる、年金が減るなど、自分ではコントロールできない不幸だらけで、どうしようもありません。とはいえ不幸が訪れた際、その対処法がわかっているのとわかっていないのでは大違いです。

ここで、私が大好きなＲＰＧ《ロールプレイングゲーム》にたとえて説明します。起こりうる危険になんの備えもしていないのは、防具も武器もつけずに視界ゼロのまっ暗なダンジョンに挑むようなもの。

だからこそ、たいまつをもって、地図を入手して、ダンジョン内がどうなっているか、確認する必要があるのです。そのうえで防具を装備し、武器をととのえてから、ダンジョンアタックしましょう。
こういった備えを現実に当てはめると、次のようになります。

❶ たいまつをもつ　→　家計簿をつける
❷ 地図を入手する　→　100歳までのお金のプランを作る
❸ 防具をととのえる　→　お金を貯める力をみがく
❹ 武器を手に入れる　→　お金を稼ぐ力を身につける

お金に対する意識が低く、月に自分が使った金額もあやふや。なんとなくいつもカツカツで、貯金がまったくできない……そんな状態であったとしても、これら4つの備えを体得することで、無理せず貯蓄できるようになります。

「たいまつ」の項目では、面倒くさがり屋でもできるかんたんな家計簿術を指南し、もっとも効果的な節約法である「固定費を見直す」というテクニックを紹介します。
続いて「地図」の項目では、将来にかかるお金を明らかにする「ライフプラン」のす

ご い効果について解説します。

「防具」の項目では、お金が自然と貯まっていくハックを紹介します。この仕組みを導入するだけで、節約のストレスを感じることなく貯蓄ができるようになるはずです。

「武器」の項目では、多くのフリーランスがないがしろにしがちな武器のメンテナンス、とりわけ「単価設定」という盲点について詳述します。

人一倍お金の不安を感じていた私も、この4つを意識することで、その苦しみから解放されました。

私はお金の専門家ではないので、これから紹介する技術は体系だったものでもなければ、経済の知識に裏打ちされたものでもありません。とはいえ、これによって私はストレスなく貯蓄できるようになり、お金を使うこと自体を楽しめるようになりました。

では、実際に見ていきましょう。

12 「たいまつ（＝家計簿）」でお金の闇を照らそう

さっそくですが、質問です。
今月、自分が何にいくら使ったか即答できますか？

「家賃に〜万円、食費は〜万円くらい……あ、でも先週飲みに行ったから〜万円くらい？　あとはスマホ代が〜円で、〜円の服を買ったのと、アマゾンで水とか定期便にしてるから……だいたい〜万円くらいかな。あとメルカリでバッグとか売って〜円儲かったから飲み代は帳消しやな。税金？いくらか知らんけど、給料から自動で引かれてるだろ」

こんな感じで、たぶん8割くらいの人は答えられないと思います。まあ、それでも問題はないのですが、大まかな出費くらいは把握しておきたいもの。

月末になって……


「こんなにお金使ってたのか……」

と落ち込んだり、残高が足りなくてクレジットの支払いがとどこおってしまったりするのはショックですからね。

かんぺきな家計簿は目指さない

お金に対しての意識を高めるには、家計簿をつけるのがよいと言われています。

家計簿は「たいまつ」。たいまつが暗いダンジョンを照らして道を示すように、家計簿はお金の使い方を教えてくれるのです。

……ですが、レシートを貯めてチマチマと家計簿をつけるのはけっこう面倒。1ケ月分のレシートってとんでもない量なので……

さらに支払手段も、現金・クレジットカード・交通系ICカードなど多種多様になっており、ポイントのキャッシュバックとかまで考慮すると、もはや一個人の手に負えるレベルではありません！

ちなみにですが、私はケチなうえに完璧主義っぽい一面があるので、家計簿アプリやエクセルを使って、すべて正確に把握しようとしたことがあります。レシートを貯めて、月末、山のように積み上がったそれを、がんばって1枚ずつ登録・管理しようとしたんです。

……でも、ぜんぜんダメでした（涙）。

そもそもレシートとして記録が残っているのって、カフェのコーヒー代とか、コンビニで買ったお弁当代とか、こまごました数百円の支出ばかり。その一方で、大きい無駄づかいのほとんどはネットショッピング。レシートとして残ってない出費だったんですよね。

それに、クレジットカードの支払いが確定するのは2ヶ月とか先なので、「今月アマゾンでポチりまくったけど、そこは反映されないんだ……」と、最初の1ヶ月でちょっとしらけちゃいまして。

結局、レシートを集めだした翌月には、「こんなこまかいのどうでもよくね？　ざっくりわかってるからいいや！」ってやめちゃいました。

いやいや、私みたいな引きこもりじゃないんだから、ネット以外でも大きな買い物してるよ！　っていう意見もあると思います。

とはいえ、レシートとして残る出費の大半は、食費、日用品、ちょっとした娯楽費程度。これらは「変動費」といって、正確に把握したところで削りにくい費用だったりします。

何より、日々の生活や楽しみにかかわる支出なので、削ろうとするとちょっとみじめな気分になるんですよね。

なので、無理をしないがモットーの本書としては、**レシートをかき集めるのをやめる**、をおすすめします。変動費についてはあきらめようというわけです。

それに、派手に遊んじゃったとか買い物しまくったとかは、レシートをとっておかなくても覚えてますよね。そうしたイレギュラーな出費だけを把握しておけば問題ないかなと。

把握すべきは固定費

では、家計簿で何をチェックしていけばよいのか。それは、**かならず出ていく「固定費」**です。

固定費とは、家賃とか光熱費とかスマホ代とか、毎月・毎年かかってしまう費用のこと。住居費（住宅ローン、家賃）、水道光熱費、通信費（携帯電話、インターネット）、保険料のほか、ジム月会費、サブスクリプション、習いごとの月謝などがそれに当たります。

意外かもしれませんが、この**固定費が支出のなかで一番大きい**と言われているんです。

なので、固定費だけの家計簿を作りましょう。「固定」というくらいなので、この費用は一度書きだせば基本的にはそれで終わり。たまには更新したほうがいいんですが、そんなに頻繁にする必要はありません。

そうして書きだしたうえで、必要のない費用、削れる費用はさっさと削減していくのです！

ここからは、章冒頭で掲げた4つの備えのうちの3つめ、「防具（＝お金を貯める力をみがく）」の範疇《はんちゅう》になるのですが、固定費の見直しを実際にやってみましょう。

次のページに載せているのは、私が福岡に移住していた時代の「月の固定費」。根がケチなので浪費している感じではないのですが、ここから固定費をどう削っていくか、考えていきます。

まずは「❶家賃」。東京の相場はワンルームで7万円と言われていますが、当時私が住んでいた地域の相場は5万1600円。なので、この家賃は削りにくいですね。削ったら生活の質がけっこう下がっちゃいます。

「❷電気代」の7147円は、一人暮らしの平均4000円と比べてかなり高いです。

月間の固定費	
❶ 家賃	50,100 円
❷ 電気代	7,147 円
❸ ガス代	7,195 円
❹ 水道代	1,981 円
❺ 光回線代	4,428 円
❻ スマホ代	2,106 円
❼ 住民税	5,600 円
❽ 国民健康保険料	73,500 円
❾ 国民年金保険料	16,260 円
計	168,317 円

夏冬などはエアコンで電気代が1000～2000円は変動することもありますが、それを考慮してもかなり高額。うーん、この時期は冬だったので、ずっと引きこもって暖房でぬくぬくしていたからかもしれません。なお、電気代は電気会社を乗り換えることで安くできます。

「❸ガス代」は、プロパンガスより都市ガスのほうが安価です。当時はプロパンガスを使っており、かなり割高でした。改善の余地はありそうですが、ガスは電気と違ってかんたんには切り替えられないんですよね。

「❹水道代」を安くするのはなかなかむずかしく、節水などの地道な努力が必要です。

ラクをしたいのでここはスルーします。

「❺光回線代」はかなり安めです。これは、サービス加入時の初回特典の恩恵。なので、これ以上抑えるのはむずかしい。

同様に「❻スマホ代」の2106円も相当安価。理由は、格安SIMのなかでも安いプランを選択していたため。

「❼住民税」「❽国民健康保険料」は前年の所得にかかっています。なので、会社員としてそこそこ稼いでいた私はかなり高額に。国民健康保険料はしゃれにならん感じになってしまいましたが、住民税だけは課税対象時期のズレによって安くなってくれました。助かった。

最後の「❾国民年金保険料」は全国一律です。

なお、住民税、国民健康保険料、国民年金保険料は減免申請できます。私もしたんですが、住民税と国民健康保険料は否認されました。国民健康保険料はすでに減免後のものので、減免前は8万1900円。高い……

今度は、「年間の固定費」を見てみます。次のページの表をご覧ください。

年間の固定費

❿ 家賃更新料	49,600 円
⓫ 火災保険料	20,000 円
⓬ 保証委託更新料	15,000 円
⓭ アマゾンプライム代	4,900 円
⓮ 会計ソフト代	9,800 円
計	99,300 円

まず、「❿家賃更新料」について。2年更新で月の家賃1ヶ月分を払うというのは一般的なようですが、地方では更新料をとらないケースもあるそうです。私の住んだ賃貸ではしっかりとられましたが。

「⓫火災保険料」の相場は8000~9000円くらい。なので、私の支払った2万円は高額です。「⓬保証委託更新料」も高くて、こっちの相場は1万円。

「⓭アマゾンプライム代」は切れません。宅配無料・動画見放題で月換算500円は安いと思いますし。

「⓮会計ソフト代」も安いと思っています。会計の知識がない個人事業主が正しく確定申告するのは大変ですし、税理士に依頼する場合、相場は10万円ですからね。

ざっと、月の固定費、年の固定費を見てきました。

1年にかかる固定費を月に換算して月の固定費に足す

と——17万6592円。

地方都市で無職生活していた私でさえ、月の固定費だけでこんなにかかっていたわけです。うーん、それだけ固定費というのはあなどれないんですよね。

では、いろいろ踏まえたうえで改善してみます。

固定費見直しのすごい効果

次のページには、改善したあとの月間・年間それぞれの固定費を載せています。

まず、月間のほうを見てみましょう。家賃、水道代、光回線代、スマホ代、税金関係はこれ以上削れないかなと思います。

年間のほうでは、家賃更新料、保証委託更新料にはタッチしないことにしました。交渉力があれば見直すこともできるかもしれませんが、コミュ障にタフな交渉は無理ですからね。

アマゾンプライム、会計ソフトはもちろんそのままで。

月間の固定費

	家賃	50,100円
⓯	電気代	4,100円
⓰	ガス代	5,000円
	水道代	1,981円
	光回線代	4,428円
	スマホ代	2,106円
	住民税	5,600円
	国民健康保険料	3,500円
	国民年金保険料	16,260円
	計	163,075円

年間の固定費

	家賃更新料	49,600円
⓱	火災保険料	3,900円
	保証委託更新料	15,000円
	アマゾンプライム代	4,900円
	会計ソフト代	9,800円
	計	83,260円

削ったのは、「⑮電気代」「⑯ガス代」「⑰火災保険料」の3つ。あまりやる人はいなかったりしますが、これらは賃貸でも自分の好きな会社に切り替えられます。

見直しの際は「価格.com」といった比較サイトがとても便利です。右の表では、3つそれぞれをその地域で利用できる最安値のサービスに切り替えてみました。

なお、ガスや電気は使用量に応じて高くなるため、かならずしも表のとおりにはならないので、あくまでも参考程度に。

最後に、火災保険料について補足しておきます。

賃貸は火災保険への加入が義務づけられていますが、**どの保険会社を使うか、どのプランにするかは入居者が自由に決めてOK**。賃貸契約の条件として、大家さんへの賠償責任をつけるよう言われることはありますが、借り主に強要することはできません。

何も言わないと、仲介の不動産会社がすすめる火災保険に勝手に加入させられますが、調べれば3000円台のものがあったりします。1万円以上の火災保険は家財補償額が

400~500万円と手厚いですが、家にそんな高額なものを置いていない一人暮らしさんならもっと少なくて十分。

私のおすすめは、こくみん共済の「住まいる共済」。20代単身・コンクリート造マンションのワンルームで試算すると、借家人賠償責任特約1000万円をつけても年間3900円。表ではこれに乗り換えたことにしています。

ざっとまとめます。月換算の固定費は、16万9953円になりました。改善前が17万6592円だったので、6639円節約できたわけです。少ないように感じますか？　だったら年間で考えてみましょう。

驚愕《きょうがく》の約8万円ですよ！

これって大きくないですか？　電気・ガスや火災保険の見直しを一度しただけだというのに！　生活費を削って年間8万円浮かせるのは大変ですが、固定費の削減ならこんなふうにかんたんにできちゃいます。

お金の心配にとらわれて節約に必死になっている人ほど、こういう固定費をちゃんと見てなかったりするもの。
お金が大事！　と思うなら、絶対にやっておいて損はないですよ。

まとめ

- 家計簿は「固定費」だけ見直せばＯＫ
- 「固定費見直し」には絶大な効果がある
- 「電気」「ガス」「火災保険」の切り替えがおすすめ

13 「地図（＝ライフプラン）」で無駄づかいがなくなる

たいまつを手に入れたら、次は「地図」の入手です。

地図とは、「100歳までにいくらお金を稼ぐことができるか」と「100歳までにいくらお金がかかるか」を計算した表のこと。こうした表を「ライフプラン」とか「ファイナンシャルプラン」と呼んだりします。

なお、ここで年齢を100歳までに設定しているのは、それまで元気に生きたいなという希望をこめて。

さて、100歳まで生きるのはよいとして、なぜそんな先のお金のことまで計算しておく必要があるのでしょうか。

それは、生涯にかかるお金がわかると、「最低限いくら貯めればよいのか」がわかるようになるから。さらには**「いまいくら貯めればよいいか」「今月あといくらまでなら使っていいいか」まで明確になるから**です。

プラン作成で節約志向に

倹約しすぎて疲れたり、必要なところでお金を出し渋ってしまったりしたことはありませんか？

私はお金がなくなってしまう恐怖が強くて、ちょっとお金使うだけでいつも嫌な気分になっていました。それにもかかわらず、なぜか、ぜんぜんお金を貯めることができなかったんですよね。

……というのも、食費を切りつめて、お風呂はお湯を変えずに追い焚きで何日も我慢し、エアコンもできるだけ使わないようにする一方で——ストレス発散とかいってチューハイを飲み、朝までアマゾンで無駄なものをポチりまくる、という訳のわからないことをしていたから。

長らくそんな状況から抜けだせずにいたのですが、ふとしたきっかけで貯蓄できるようになります。

それが、ライフプランの作成です。

お金のプロであるＦＰ（ファイナンシャルプランナー）さんに相談し、ライフプランを作ってもらってから、お金への意識が変わり、無理なく自然と節約できるようになったのです。

ちなみに、最初はケチって無料のＦＰさんに当たりましたが、その人からは「ドル建て終身保険」に貯金全額つっこめ、とアドバイスされました（笑）。

渡された保険設計書の担当者名がその人の名前になっていておかしいやろって気づきましたね。あぶないあぶない。こんな感じで、カモられることもあるので要注意です。

まずは無料でいろんな専門家に相談してみて、プラン作成は一番信頼できそうなＦＰさんにお願いするとよいと思います。カモられるなんて物騒なことを書きましたが、普通のＦＰさんならプランくらいすんなり作ってくれるはず。最近だとＹｏｕＴｕｂｅｒのＦＰさんがいたりしてたくさん動画を出してるので、動画で吟味してコレだって人にアプローチしてもいいかもしれません。

優秀な人は最初から有料なことがほとんどですが、相談せずに今後の人生で失うお金に比べたら、数万円の相談料なんて微々たるものですからね。

ライフプランで何がわかるのか

ライフプランを作ることで、このままだと老後どうなるのか、結婚したり家買ったりしたらどうなるか、収入に対して税金がどう増えていくのか、いつまで働かなきゃいけないのか――そういったことが見えてきます。

プロが作るライフプランは情報が多くて、残念ながらページ数の関係上載せられないのですが、簡略したものを次のページに載せておきます。

ひとまずイメージをつかんでみてください。

60代	70代	80代	90代	100代
退職金 :+1000 万円 リフォーム :-300 万円 年金開始	医療費： -100 万円	医療費： -100 万円	医療費： -100 万円	医療費： -100 万円
60 万円	60 万円	60 万円	60 万円	60 万円
180 万円	180 万円	180 万円	180 万円	180 万円
1000 万円				
1240 万円	240 万円	240 万円	240 万円	240 万円
3400 万円	2400 万円	2400 万円	2400 万円	1200 万円
300 万円	300 万円	300 万円	300 万円	300 万円
300 万円	100 万円	100 万円	100 万円	100 万円
600 万円	400 万円	400 万円	400 万円	400 万円
3300 万円	3100 万円	3100 万円	3100 万円	1600 万円

100 万円	-700 万円	-700 万円	-700 万円	-700 万円
750 万円	50 万円	-650 万円	-1350 万円	-2050 万円

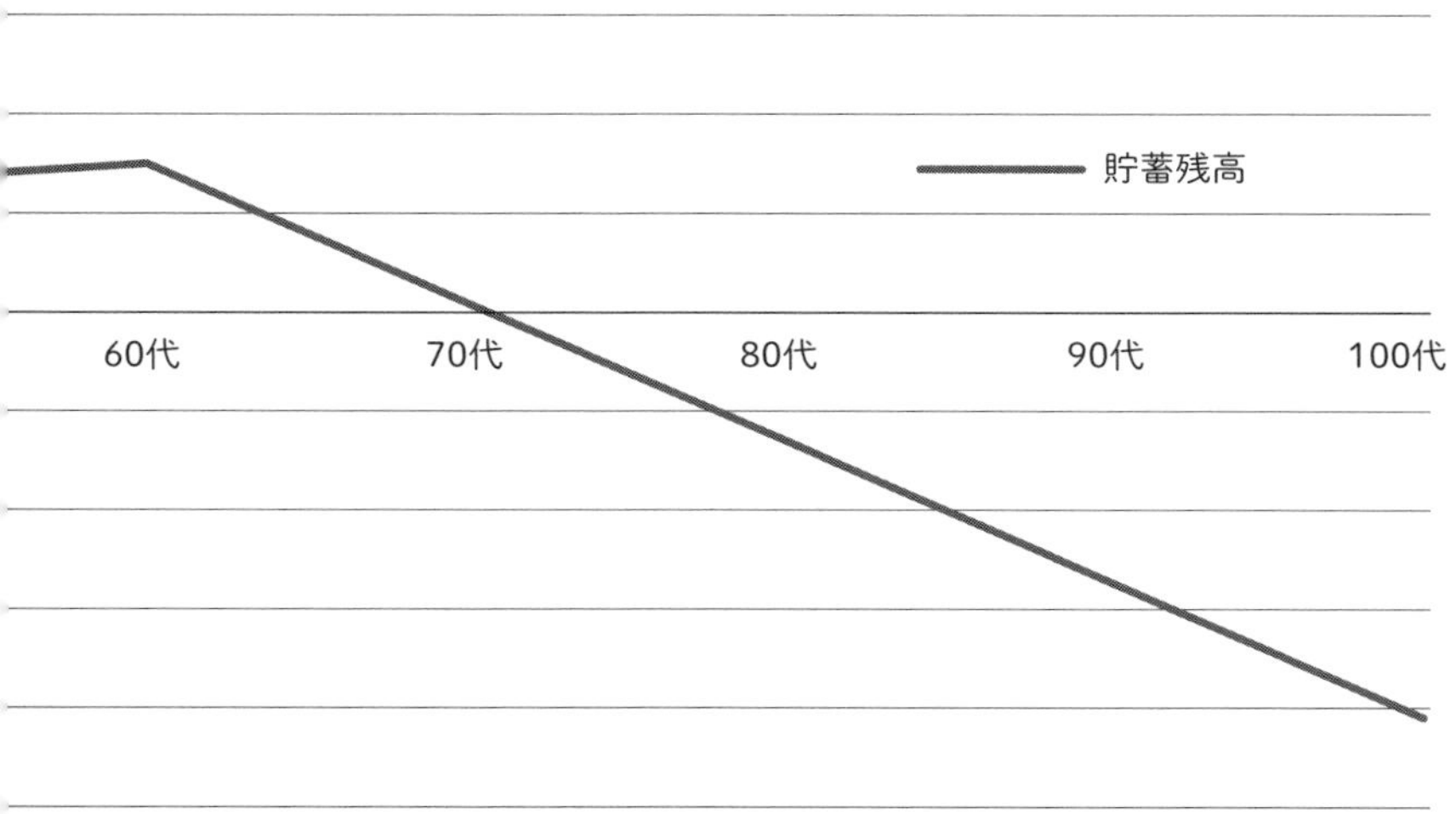

ライフプラン案

年代	20代	30代	40代	50代
ライフイベント	結婚 :-400 万円 旅行 :-100 万円	長男出産 :-100 万円 長女出産 :-100 万円 車購入 :-200 万円	自宅購入 : -3000 万円	車買い替え : -200 万円
自分の収入	300 万円		100 万円	100 万円
配偶者の収入	350 万円	450 万円	550 万円	600 万円
特別な収入				
収入合計	650 万円	450 万円	650 万円	700 万円
10年間収入合計 ※20代、100代は5年間	3250 万円	4500 万円	6500 万円	7000 万円
支出	300 万円	500 万円	500 万円	500 万円
特別な支出	500 万円	400 万円	3000 万円	200 万円
支出合計	800 万円	900 万円	3500 万円	700 万円
10年間支出合計 ※20代、100代は5年間	2000 万円	5400 万円	8000 万円	5200 万円

10年間収支 ※20代、100代は5年間	1250 万円	-900 万円	-1500 万円	1800 万円
貯蓄残高	1250 万円	350 万円	-1150 万円	650 万円

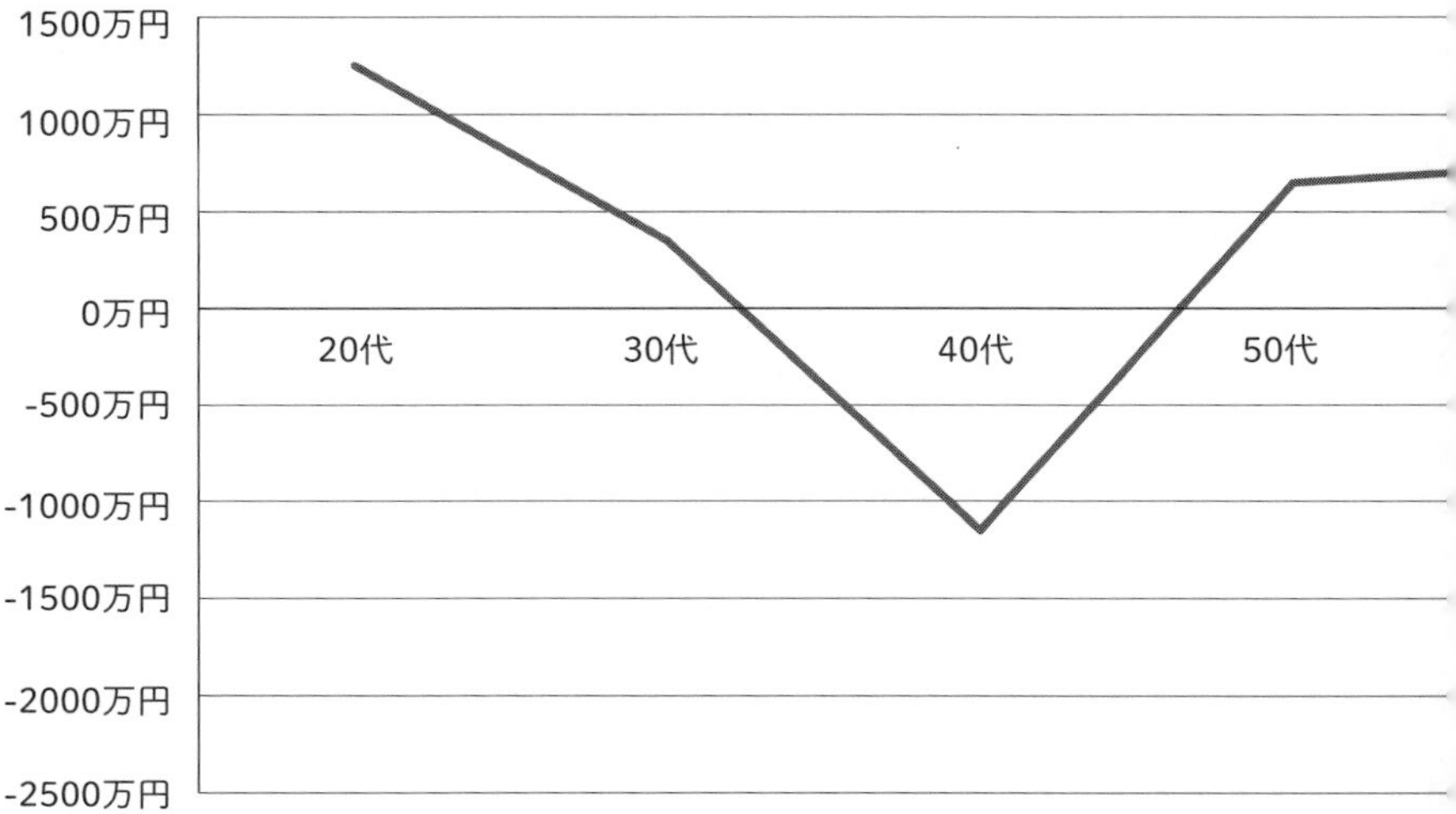

1つひとつ見ていきます。

一番の上の行、ここには年代が入っていて、20代から100代までのプランにしてます。次の行は、おっきなお金が動くライフイベント。大まかなイメージをもてればよいので、平均的な費用で計算しています。

その下には、収入と支出をまとめています。本来ここはかなり細分化されており、FPさんと一緒に見ながら、保険や不動産投資の戦略を立てたりします。

この簡易バージョンの表で注目してもらいたいのが、貯蓄残高のグラフです。現状のままいくと80代で赤字になっています。

こんな老後は悲しすぎるので、じゃあいまのうちにできること、たとえば節約だったり資産運用だったりをやっていきましょう、と決めていくわけです。

このように将来必要なお金から逆算して決めていくと、**いま何にお金を使うべきか、どの程度節約すべきかという判断にあいまいさがなくなります**。これがライフプランを作成することの最大の効用です。

なお、相談したプロには顧問になってもらって、アフターフォローしてもらいながら定期的に相談を続けるのが理想です。

ですが、お金もそれなりにかかるので、ベースの表ができたら、あとは自分で勉強しながらカスタマイズしていっても問題ないと思います。やりたいことによって相談先も変えていく必要がありますからね。たとえば、不動産投資をはじめたいと思ったら不動産に強い人に相談したほうがよいですし。

私は年に数回スポットで相談するくらいで事足りています。

まとめ

- **ＦＰさんに相談して「ライフプラン」を作ろう**
- **将来から逆算して「迷いなく」お金を使うと楽しい**

14 4つの口座で「防具（＝お金を貯める力）」をみがく

皆さんは、「武器」と「防具」、どちらのほうが大事だと思いますか？

ＲＰＧでは、武器を重視する人のほうが断然多いでしょう。ちなみに私も「**強い武器があれば防具なんていらねー！**」「**攻撃こそ最大の防御！**」派ですが……

現実はそんなに甘くありません！

武器を入手して攻撃力を上げる（＝つまり、収入を増やす）のは、ひとすじ縄ではいきません。

普通に仕事をしているだけでは収入は上がらないので、仕事量を増やしたり、一件あたりの単価を上げるべく技術や資格を身につけたりするわけですが……それでもうまくいくとは限らないでしょう。これは、会社勤めの方もフリーランスも同様です。

その一方で、「防具＝お金の貯め方・節約の仕方」を工夫するのは、確実に効果が出ます。

「たいまつ」の項目でもふれましたが、保険を解約したり、カードローンで買い物するのをやめたり、車を手放したり、スマホを格安ＳＩＭに変更したり――**固定費の見直し効果は絶大**なのです。

そして、それと同様に、お金の「防具」として優秀なハックがあります。

口座を用途によって分けるという技術です。

口座を「４つ」に分けるが最強

皆さんは口座をいくつおもちでしょうか？

20～30代くらいの若い方だと、１つだけという人も少なくないかなと思います。

お金に対する意識が高い方は、定期預金の口座をもっていたりするかもしれません。ちょっと年配の方だと、自分じゃ把握できないくらい口座をもっている人もいたりします。私の両親はそんな感じです。

私がおすすめしたいのは、**用途によっていくつかの口座を使い分ける**、という方法。とりわけ私は、口座を「生活口座」「投資口座」「お楽しみ口座」「緊急口座」の4つに分けていて、この使い方が最強だと思っています。

それぞれ以下のような感じです。

❶ 生活口座　ふだん使うためのお金を入れておく口座。

❷ 投資口座　投資のためのお金を入れておく口座。

❸ お楽しみ口座　旅行、プレゼントなど、高額な出費のためのお金を入れておく口座。

❹ 緊急口座　生活口座で余ったお金を移して貯めていく。事故・病気・引っ越しなど、突然現金が必要に

なったときのためのお金を入れておく口座。

口座を4つももつなんて面倒くさいと感じる方もいると思いますが、これにはとても大きなメリットが2つあります。1つは、**確実に投資に回せる**ということ。そしてもう1つは、**無駄づかいを楽しめるようになる**ということです。

私は口座を4つに分けて以来、節約しなきゃいけないというプレッシャーを感じなくなり、結果的に、お金のことをあまり意識せずに生活できるようになりました。

それぞれの口座の運用法

私が実家住まいだったときの口座の使い方を、参考例として説明します。わかりやすくするために、その月は30万円稼いだとします。30万円はすべて「生活口座」にふりこまれますが、そのうち6万円は税金でとられてしまいます。税金、けっこう大きいです。

とはいえ生活費がかからないので、投資にガンガン回します。マイルールとして稼いだお金の半分は投資に回すようにしていたため、大胆に15万円「投資口座」に入れます。ちなみに私は、iDeCo、つみたてNISA、海外ETF、投資信託といったものに投資しています。

ここで大事なのは、**投資口座のお金には手をつけない**、ということ。これは絶対に守るべきルールとしておきましょう。

「投資口座」に移したあとは、固定費を払っていきます。家賃・光熱費はかからず、スマホ代とサブスクの支払いで1万円。あとは趣味のスキルアップ講座に5万円払い、残りは3万円。

その月は3万円どころか2万円で生活できたとします。基本的に「生活口座」にあるお金は使いきるようにしているので、月末に楽しく1万円で豪遊し、それでも残ったお金は「お楽しみ口座」に移して次の収入が入ってくるのを待ちます。

この「お楽しみ口座」の使い方ですが、私は厳格にしています。

自分へのご褒美にアイスを食べたいとき――には使いません。急な飲み会に誘われたとき――にも使いません。「生活口座」にお金がなかったら断っちゃいます。
じゃあいつ使うのかというと、だれかへのプレゼントや旅行など、**非日常的なお楽しみのとき**です。あと、私はペットを飼いたいなと思っているので、いよいよペットを飼うときになったらこの口座のお金を使うつもりです。

昨年、母とイタリア旅行に行ったんですが、そのときも「お楽しみ口座」からお金を出しました。
ローマにフォロ・ロマーノという素敵な遺跡があり、まさにゲームの『ゼルダの伝説ブレスオブザワイルド』の世界に入りこんだみたいで、すごく感動しました。ヴェネチアの水路やソレントのレモン畑を母と歩いたのも、道に迷ったりケンカしたりしたのも、一生ものの思い出です。まさにプライスレス。

最後に「緊急口座」について。
ここにはまとまったお金を入れておき、基本的には使いません。入れる金額は、安心を得るための額なので人それぞれ。

私は心配症なので、そこそこ大きな額を入れています。この口座を作って以来、私はいっさい手をつけてこなかったのですが、つい先日、引っ越しを決めた際は「緊急口座」から全額出しました。

毎月カラにするので罪悪感なし

この、口座を4つに分ける仕組みが優れているのは、お金を引きだせる口座を「生活口座」に限定している点。それ以外の口座は、入金はできてもほぼ出金はできないようになっているので、確実に投資できるのです。

さらに、**「生活口座」は毎月カラにする**、というのがルール化されているのもポイント。それでもお金があまったら「お楽しみ口座」に移して、次の収入が入ってくるのを待ちます。

私はお金に対する不安が人一倍強く、大きい買い物をした際には必要なものであっても罪悪感を覚えてしまうのですが、「生活口座」は毎月カラにするという仕組みができてから、よい意味で無駄づかいを楽しめるようになりました。

最後に、私は収入の半分を投資に回していると書きましたが、普通はそこまでする必要はありませんので、あしからず。

一般的には、収入の2割程度を投資に当てることができれば優秀だとされています。

まとめ

- **「生活口座」「投資口座」「お楽しみ口座」「緊急口座」に分ける**
- **「投資口座」には絶対手をつけない**
- **「生活口座」は毎月「カラ」にする**

15 武器（＝お金を稼ぐ力）のメンテナンスの仕方

ボーナスカット、早期退職者の募集といった暗いニュースをよく耳にし、なかなかテンションが上がりにくい昨今。「エンジニアって儲かるらしいから目指そうかな」「フリーランスって自由そうでよいなぁ」と、考える人が増えているようです。

でもフリーランスのエンジニアって、そんなに儲かったり、自由だったりするのでしょうか。

言うほどかんたんじゃないし、実力主義だし、大変ではあるんですが、このご時世、意外に悪くない職業なんじゃないかなあとも感じています。

ここでは、そんなフリーランスのエンジニアという職業として働くなかで私が気づいた、武器（＝お金を稼ぐ力）の扱い方について解説したいと思います。

大事なのは単価設定

フリーランスは、それが珍しくないＩＴ業界でさえ、ちゃんと稼げるのか疑わしい目で見られがちです。

実際、会社という後ろ盾がないので、収入を安定させるためにやるべきことがたくさんあり、なかなか大変です。定期的に仕事をくれるツテを見つけたり、しっかり稼ぐためにスキルを獲得したりといった、**1つひとつの武器のお手入れとても大事**なんですよね。

フリーランスはそうしたポイントを押さえつつ、安定した収入を確保すべく日々奮闘しているわけなんですが、それらのなかで不思議と皆そろって失敗することがあります。

それが単価設定です。

単価設定とは、自分の仕事に対していくら払ってもらうか、を決めること。

こう書くとかんたんそうに思うかもしれませんが、多くの人が相場を知らないまま適当に決めがちで、痛い目を見ることがよくあります。

みんなつまずく税金という盲点

私の失敗談をお話しします。

まだ経験が浅かったころ、お客さんから「こんな仕事があるんだけど、どう？」と話をもらったときのことなんですが、そのとき私がどう返答したかというと

「ヨロコンデー！」でした（笑）。

仕事内容とか条件とか報酬とかどうでも良かったんですね。どんな仕事だろうがいくらだろうが、全身全霊で命をかけてやるしかねぇ！　って思ってました。

そんなわけで、お客さんにいくらでやってくれるか聞かれたとき、完全にノーアイデ

アだった私は、とっさに「月50万円でどうでしょう?」と答えました。ちなみにこの50万円、たいした根拠はなく、当時のエンジニアの平均月収が60万円くらいだったので、自分には大して能力もないし平均と同じようにもらうのはなぁと謙遜《けんそん》して、キリもいいし50万円で! みたいな思考回路で出てきた金額でした。

お客さんは即決だったので、私はそれで「カッコイイー」と感激していたのですが、じつは相場から見るとかなり安いんですよね。

言うまでもなく、このお客さんが悪い人で私を安く買い叩いたというわけではありません。私が自分で50万円と言い、お客さんもそれでよいよ、と答えただけです。

でも、その後の約2年間、月単価はずっとそのままでした。

私としては会社に勤めていたころの手取りよりも多かったので、むしろもらいすぎかなぁと思っていたのですが、不思議と生活は苦しくなるばかり……なぜでしょう?

そう、**税金を見落としていた**んです。

会社員のころは、社会保険料、年金、住民税、所得税などすべて天引きされていたので気にとめていなかったのですが、フリーランスは自分で確定申告し、自分で納税しなければなりません。で、この税金、けっこうな額になるんですよね。

結局、私の手取りは会社員時代よりも大きく減ってしまい、忙しく働けど貯金は増えず生活はどんどん苦しくなっていく、という負のスパイラルにはまっていったのでした。

単価設定あなどるべからず

税金を忘れていたというのは、フリーランスの多くが経験する失敗のようです。私もそうでしたが、駆けだしのころって目の前の仕事に一生懸命になりすぎて、税金とか後回しにしがちなんですよね。

とにかくそういうこともあるので、単価設定を考えておくのはとても大事です。単価設定がフリーランスにとっていかに重要であるか、改めて整理しておきます。次の2つの理由があります。

・あとから変えるのはむずかしい

・意外と言い値でいける

まず「あとから変えるのはむずかしい」について。

単価をあとから変えるのはむずかしいどころか、ほぼ不可能です。もちろん業界にもよるでしょうが、少なくとも私のいるＩＴ業界ではありえません。たぶん他の業界でも、そうなんじゃないかなと思います。

私の業界の事情について少しお話しします。私のような立場のフリーランスが雇われる際、雇うのは開発会社です。そしてその開発会社の先には、仕事を発注した依頼主が存在します。

こうした場合、予算は厳密に決まっており、依頼主と開発会社の間でしっかりとしたとり決めがあったりするんですよね。この構造があるので、末端のエンジニアがあとから単価を上げてほしいと交渉しても、基本的には聞き入れてもらえないというわけです。

と言いつつなんですが、じつはあとから単価を上げてもらえたことがあります。そのときは、交渉相手がたまたま経営に携わっている方だったため、なんとかなった感じでしたが……結果としてその人には大きな迷惑をかけてしまったので、やはり普通はすべきではないです。

続いて「意外と言い値でいける」について。

どの仕事もそうなんですが、お店にある商品のようにあらかじめ額が決まっていることはありません。事前の話し合いなどで決めるのがほとんどです。

そんなわけで、高めの要望を伝えたら意外といけっちゃったみたいなことがあるんですが、その一方で、謙遜して低めに伝えた額がそのまま通ってしまい、報酬に見合わない仕事量に苦しむなんてこともざらなのでご注意を。

おすすめの単価設定のやり方

ここで単価設定の仕方について私のやり方を具体的に紹介します。ＩＴ業界のこまかな話になってくるのですが、他の業界でも活かせるところはあるので、参考にしてみてください。

自分の値段を自分で決めるとなると、さっき書いた私のエピソードのように過度に謙遜してしまう人も多いと思います。謙虚さは日本人の美徳ですが、フリーランスとしてビジネスするなら謙虚さはいったん忘れて、冷静に値段を決める必要があります。

具体的なステップは、「相場を知る」「取引先が想定している額を推測する」「自分の状況や希望と合わせて最終的な金額を決める」です。

1．相場を知る

相場を知るのに私が使っているのは、フリーランス専門のエージェントです。最近はＷＥＢで経歴やスキルを登録しておくだけで、オファーが受けられるサービスがたくさんあります。

いまの自分の実力では、いくらぐらいのオファーが来るのか、どんな仕事内容・スキルが求められているのかなど、ときどき受信ボックスをチェックするだけでけっこうわかります。

ＩＴ業界は流行り廃《すた》りのスピードが速いので、頻繁にホットなキーワード、需要の多い言語やスキルをチェックしておくことをおすすめします。

2．取引先が想定している額を推測する

取引先が想定している金額感が、世間一般の相場と近いとは限りません。業績が好調で人件費にガンガンお金を突っこんでいる成長企業なら、人手が欲しいので相場より多少高くても快諾してもらえることがあります。

逆に、走りだしたばかりのスタートアップ企業だと、あまりお金が出せないので安くないと契約できない、ということもあります。

そういうのは、取引先のホームページやその会社が出している求人情報でわかることが多いです。

採用ページで新卒の年収を公開している会社も少なくなく、自分と同じくらいの経験年数の社員の給料がいくらなのか、というのも参考になります。税金のことを考えて、その社員の給料の1・2～1・5倍くらいのラインであれば、ビックリされることもないでしょう。

3．自分の状況や希望と合わせて最終的な金額を決める

いろんな仕事を受けもっていて忙しいときは、あまりパンパンに詰めこまないほうがよいと思いますが、がんばりたいなら、多少高めの単価で出すのもありだと思います。断られても痛くないし、タイミングが合えばその高めの単価から少し下げてでも契約してもらえることがありますからね。

逆に仕事がないときはどうしても弱気になりやすいので、できるだけ忙しいときに高めの単価で種をまいておくことをおすすめします。

忙しすぎてこれ以上仕事を受けられないときもあると思います。そういう場合は、オファーを断るのではなく、「いまは忙しくて無理なんですが、○月には落ち着くので、そのあたりでまたご一緒したいです。ちなみに単価は○○円です。合いそうな仕事があれば教えてください！」という感じにしておくのが理想です。

私の場合は、フルリモートＯＫで時間の融通もきくとか、今後伸びそうなスキルで実績を作れるみたいな仕事は、多少忙しくても単価をちょっと下げてでも、受けることがあります。こんなふうに長い目で見て、ペイするかどうかで判断するとよいと思います。

「名刺に載せる」が手っとり早い

これは、慢性的に人材不足な私の業界に限った話ではあるんですが、**「話が早い」というのはとにかく歓迎されます**。「何ができるか」「いくらでやれるか」が明確だと、仕事が即決しやすいのです。場合によっては会って名刺を渡した瞬間に受注できてしまったり。

なので私は、**「実績」「単価」を名刺にしっかり書いています**。パッと見で、一般的な名刺より情報量が多くて可愛げはまったくないのですが、相手がまず第一に知りたいのは私の名前や連絡先ではなく、「いくらで何ができる人なのか」なので。

単価交渉という高いコミュ力を求められる場を回避しつつ、こちらの条件を明確に提示できるので、コミュ障にはおすすめです。

まとめ

- 大事なのは「単価設定」
- 謙虚になりすぎず、自分の値段を決めよう
- 名刺に「実績」「単価」を載せる

第4章
［メンタル］
病まない技術

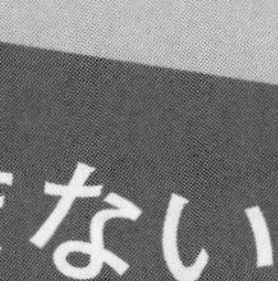

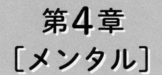

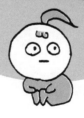

ぼっち社会人の「メンタル」の原則

マジでヤバいときの対処法

休んでも休んでも疲れがとれない！

そんな経験ありませんか？

いつでもどこでも仕事ができてしまうリモートワークのオフィスワーカー、フリーランス、経営者など、休みもふくめ、ある程度自分の裁量に任されているような人は、意識的に仕事の「オン／オフ」を切り替えないと、**つねに仕事中という状態になりかねません**。

私も独立して自宅で仕事をする時間が増えたころは、切り替えがまったくできませんでした。それでつねに仕事をしていないと不安で、休んでいても仕事のことを考えてしまう日々が続き、結果として半年もしないうちに精神的にも肉体的にも息切れ状態になったのです。

私ほどではないにしても、終業後だらだらと仕事をしたり、休日も仕事のメールを見たりしてしまう人は少なくないように思います。

最後のこの章では、コミュ障でぼっちだからこそ気づけた、そんな状態から抜けだすのに効果的なテクニックを紹介したいと思います。

それに加えて、さらに究極的な状況への対処法を提案します。

究極的状況というのは、**マジでヤバいとき**です。人によって度合いはいろいろでしょうが、たとえば、

- **頭がぐちゃぐちゃでまともにものを考えられない**
- **何から手をつけていいかわからない**
- **仕事もプライベートもうまくいかない**
- **何もやる気が起きない**
- **自分に価値を感じられない**

そんなふうに、**とにかく幸せじゃないと強く感じる**ような状態です。

非コミュ障の人たち（とくに女性）は、嫌なこと、つらいことがあると、そこまでいってしまう前に友達などに話して上手に解消するようですが、コミュ障ぼっちだと一人で抱えこむしかなく、深く深〜くどこまでも落ちていってしまいがち。


私が一番ヤバかったときに経験したのは、嫌だとかツライとかすら思わない、**究極的な無感覚**でした。

何を食べても味がせず、何を聞いても見ても何も思わない、自分がどう感じているのかもわからない、思考停止&感情が行方不明な状態です。

それでわりと本気で

「もうつまんないし、死んじゃおうかな……」

とか週に数回ペースで思っていました。

そんな基本的には何もできない、もうホントに死んじゃう一歩手前くらいのギリギリな状態のとき、そこから抜けだしてとりあえずフラットな状態までもっていく方法をご紹介します。

16 「オフライン休日」で不安から逃げよう

休んでいても、いつも仕事のことを考えてしまう。

もし思いあたるようであれば、あまりよい状態ではありません。そのままでいると、いずれ心と体を壊してしまうかもしれません……

真面目な人ほど休むのが下手

「休むことに罪悪感を覚えてしまう」「もっと仕事で評価されたい」「お客さんのためにベストを尽くしたい」「仕事が楽しくて、ほかのことに興味がもてない」などなど。理由は人それぞれでしょうが、**真面目な人ほど自分を追いこんでしまいがち**です。

たとえば、こんなことをしたことがありませんか？

・その日の作業にひと区切りついているにもかかわらず、まだ眠くないからもうちょっとやろうかなと、深夜・明け方まで残業してしまう
・忙しくても仕事を引き受けてしまう
・仕事の連絡に即レスするために、頻繁にスマホをチェックしてしまう
・仕事が終わらないのはすべて自分の責任だと考え、だれかに相談することなく睡眠時間や休日を犠牲にして仕事をしてしまう

がんばったぶん評価されるかもしれませんが、そうした無理は蓄積してしまうもの。仕事を忘れてゆっくり休めない体になってしまい、**気づいたときには、自分ではコントロールできない状態になっている**——というのが、いわゆるワーカホリックの怖いところです。

私がおちいってしまった状態の話をします。

私の場合、ずっと「オン」のモードが続き、少しずつ息切れしてきたというか、仕事はやれるんだけれど元気がなくなっていきました。

平日の業務時間中はいつも疲れていて集中できず、ダラダラと夜遅くまで仕事をしてしまう。それにもかかわらず、ミスやムダが多くなかなか終わらないので、平日の遅れをとり戻すために、休日も仕事をしなければならない。そんな悪循環におちいっていました。加えて、「休日に連絡しても対応してくれる人」という印象をもたれてしまい、土日だろうが、年末年始だろうが、仕事の連絡が来るように。

そんな働き方を続けていたところ、「なんのために仕事してるんだっけ？」「何が楽しくて生きてるんだっけ？」と考えるようになりました。

それで眠れなくなった私は、眠るための飲酒が癖になり、浅くて短い睡眠しかとれない日々にさいなまれることに。夢のなかでもプログラミングの仕事をしていて、上司にミスを指摘されて言い訳する自分の声で飛び起きたこともあります。

きわめつけは、**2時間の映画すらまともに観られなくなった**こと。

映画がはじまって30分も経たないうちに、仕事のことや将来のことをモヤモヤ考えてしまい、話のすじを見失うようになったのです。30分も集中力がもたない、というのは自分でもかなり衝撃で、ずいぶん気落ちしたのを覚えています。

情報を遮断したら元気になった

そういう状態になってから、運動してみたり、仕事量を減らしてみたり、自然にふれるようにしてみたり、いろいろやってみました。そんななかで一番効果があったのが、スマホをもたずネットもできない状態にして、オフラインにするというもの。

前職でお世話になった人のなかに、休日だろうが風邪で休んでいようが、自宅にパソコンをもち帰って仕事するタイプの人がいました。毎年かならず一人で沖縄の「美《ちゅ》ら海《うみ》水族館」を訪れ、ジンベイザメの水槽の前でぼんやり1日過ごしている、という変な人です。

はじめて聞いたときは「何それ楽しいの？　変なの」って思ってましたが、いまなら理解できます。

おそらく、マインドフルネスに近い効果があったのではないかと。マインドフルネスは瞑想《めいそう》の一種で、うつの改善や集中力アップの効果が認められています。

思い返してみると私は、ニュースを見たりSNSをチェックしたりしているときに不安が強まり、仕事のことを考えるループに入りこむことが多かったです。

テレビをつければさまざまなニュースが流れていて、それに対してコメンテータがいろいろ言っており、CMでは知りたくもない新商品の情報が次々紹介されています。電車に乗ってもそこら中に広告が貼ってあり、スマホにはLINEやらツイッターやらSNSの通知がひっきりなしに飛んできて、YouTube動画には毎日新しいものがアップされます。

いまの若い世代は年金もらえないから貯金しろだの、会社がなくなっても大丈夫なように副業をはじめようだの、今日生きるのでいっぱいいっぱいなのに、読むだけで疲れる情報ばかり目に入る。もちろん、そういうニュースにふれている間も、お構いなしに仕事メールが飛んできます。

あるとき、何もかもが嫌になって、そうした外からの情報を遮断したところ——たったそれだけで、私の頭のなかの声（不安をあおったり焦らせたりする声）は静かになりました。

その状態で、黙々《もくもく》と掃除をしたり、瞑想をしたり、好きな本を読んだり、料理をしたりして過ごすと精神的に落ち着き、すごく安らぐのです。

まぁ本を読みながら、うっかり登場人物と自分を比較して不安になったり、仕事のことを考えだして気づいたら話のすじを見失っていたりと、最初からかんぺきに切り替えることはむずかしかったのですが。

ともかく、そんなふうにオフラインをとり入れた結果、**いまでは当時の1／5くらいの時間で、同じ量の仕事を集中してこなせるようになりました。** 2時間の映画も、最後まで楽しめる状態に回復しています。

それだけではなく、ワーカホリックになる前よりも仕事への集中力が増し、オン／オフの切り替えも自分でコントロールできている感覚が、**人生の幸福度を高めている**感じがします。

調子のよいときは、午前中にすべての仕事を終えることができ、午後は軽い足どりで散歩や買い物に出かけたりするのがささやかな楽しみになっていたりするのです。

オフライン休日の作り方

オフライン休日を実現するには準備が大切です。仕事や友人から連絡がひっきりなしに来てしまうような場合、それを無視するのはなかなかに精神力を要することでかんたんではありません。

たとえば私は、「この日のこの時間帯は所用のため連絡が取れませんので、あらかじめご了承ください」と周知しておくようにしています。

もう1つ、忙しかったり暇だったりの波が激しいので、あえてオフライン休日は固定していません。たとえば、メインの仕事は月・水・金という契約になっているので、それ以外の曜日で適当に作るようにしています。

つまり、あらかじめ「オフライン休日をとる!」ということだけ決めておき、ある程度自由度をもたせて、**周囲に迷惑をかけないようにしておく**のです。

ただし、こんな感じで連絡が来ることの対処ができたとしても、スマホを見るのが習慣づいてしまっている人は、オフライン休日そのものに抵抗を感じるかもしれません。

私も以前は、つねに何かしていないと落ち着きませんでした。寝る前だけでなく仕事中、散歩中、運動中でさえ、動画やラジオ、オーディオブックを聞き流すのが癖になっていて、一時期は、同時に2冊の本が高速で読めると思って、片耳イヤホンの左右で違うオーディオブックを、倍速で聞き流したり（笑）。

無音だと落ち着かない、何かしら情報が入ってきていないと耐えられない、という末期症状だったのです。

でも、情報のシャワーをつねに浴びて過ごすというのは、脳にストレスを与え続けているようなもの。

脳は情報という刺激が大好きなので、自然とやってしまいがちなのですが、じつは休んでも疲れがとれないことの根本的な原因はここにあるように感じています。だからこそ、**強引にでも情報を遮断する必要がある**のかなと。

休めているか考えてみよう

私がまず手はじめにやったのは、スマホをもたずにぶらぶらと近所の禅寺まで散歩するというものです。

禅寺ではときどき、清潔な作務衣《さむい》を着たお坊さんがホウキで石畳を掃いていたりして、眺めているとなんとなく自分の心もきれいになっていく感じでした。

私は、オフライン休日を意識的に作ることで、情報ジャンキー的な悪癖も減り、無意味に変な焦り方もしなくなりました。仕事のことで不安になる時間も減り、仕事中は仕事で集中し、休みは休みで切り替えて楽しめるようになったのです。

「何をやっても楽しくない、何をやってもうまくいかない」と感じたときはいったん立ち止まって、自分に向かって「疲れていないか、本当に休めているのか」を尋ねてみる必要があると思います。

それでもし心当たりがあるようだったら、情報を遮断したオフライン休日を過ごしてみると、良くなるかもしれませんよ？

まとめ

- **「真面目な人」ほど休むのが下手**
- **情報を遮断して「オフライン休日」をとる**
- **オフラインのときは、「迷惑をかけない」ようにしておく**

17

最強メンタルハック「ゲロ袋日記」のつけ方①

日本の10〜30代の死因の第1位は自殺です。なお、15〜34歳の死因1位が自殺なのはG7で日本だけ。日本の若い人はメンタルの不調におちいりやすいようで、なかでも男性の自殺率は高く、女性の2・5倍です。

一般的に、愚痴《ぐち》・弱音・泣き言を言わない、自分のことは自分でなんとかする、というのが「男らしい」とされているためか、男性は心のうちをあまり他人に語りません。

私はずっと男性社会で生きてきましたが、本当に愚痴を吐く人って少ないと思います。私相手だからかもしれませんが、言うとしても、ものすごく酔っ払って、ようやくポツリポツリと愚痴る程度。

逆に女性は、家族、恋人、上司などの愚痴を、しらふだろうが立ち話だろうが、パッと言って盛り上がれる人も多い気がします。

実際、米メリーランド大学の研究によると、男性が1日に発する単語数は平均7000語に対し、女性の場合は平均2万語と言われています。女性は、男性の約3倍しゃべるんですね。

ここから先は単に私の持論なのですが、**会話量（吐きだす量）と精神的に病むリスクには相関関係があるのではないか**と。

これまでの私の経験では、メンタルがヤバいときというのは、忙しいときでも悲しいことがあったときでもなかったように思います。

そうではなく、「絶対に、死んでも、この仕事は自分でやり遂げなければならない」「自分のせいで、関係者に迷惑をかけてしまった」「期待を上回る圧倒的な成果を出さなければならない」みたいに、一人で抱えこんでいるとき。こういうときって、たいてい「なんとかするための対策」ばかりに頭がいっていて、**口数が減って人前に出なくなっています**。

そんなヤバいときのメンタルを回復させたのは、「日記」であり、「母とのおしゃべり」でした。いずれも、愚痴・弱音・泣き言を含め、自分の頭のなかのものをそのまま吐きだす作業という点で共通しています。

今回は、ぼっちでも一人でできる最強のメンタルハック「ゲロ袋日記」についてくわしく書いていきます。

人に愚痴れないなら書きまくればいい

私がマジでヤバかったとき、本当に助けられたのは、病院でもなく、お酒でもなく、同棲していた恋人でもなく、書くことでした。

病院に行くというのは、そもそもそんな発想がなかったですし（マジでやばいメンタルのときほど自覚がないので）、お酒は一時的に気分をまぎらわせるだけで根本的な解決策ではありません。翌日、体調悪くなるし。

そして恋人にいたっては「思っていることをそのまま言う」なんて当時の病んで自己無価値感に全身を乗っとられていた自分にとっては、まったく、ぜんぜん、断じて、まるっきし、アリエナイことでした。嫌われたくない、捨てられたくない、その一心でめちゃくちゃ我慢してましたから。

むしろ、それがメンタル不調の主要因だったと言っても過言ではないかも（笑）。あ、鶏が先か卵が先か……

頼れる人もなく、一人で死んじゃいそうになっていたとき、**私を救ったのは日記でした**。

正確にいうと、最初から日記として書いていたわけではありません。

もともとは小説を書くために「モーニングページ」というハックを本で読み、真似ではじめたことがきっかけだったのですが、続けるうちに「朝に書く」などのルールを無視して、ただひたすら頭のなかの声を書きだす作業へと変質していったという経緯があります。

文章を書くなんて、そんな難しいことは自分にはできない！　そういう人もたくさんいますが、その人たちは日記について誤解しています。

人に読ませて、何かを伝えるための文章にはお作法があり、テクニックを要求されることもあります。しかし、日記というのはあくまでプライベートなもの。論旨を明確にするとか、変な接続詞を使わないとか、きれいな字で書くとか、あとで読み返しやすいように適切な位置で改行するとか、そういう感じじゃないんですよね。

言うなれば、「何を言っても絶対に自分の味方でいてくれる友達に、マッコリ飲みながら愚痴る」という感覚に近いです。酔って愚痴るなんて、むずかしくてできないという人はいないと思います。

やることは至極シンプルで、**頭に浮かんだことをそのまま、一字一句変えずにノートに書きだすだけ**。こんな最低なことを考えてると知られたら嫌われるとか、さっき書いたことと矛盾しているとか、まったく気にする必要はありません。とにかくただ書くのです。

もちろん、書いているときにお酒を飲む必要はありません。大切にしてほしいのは、酔った勢いでしか言えないようなことも、全部、そのまま、加工せずに、ゲロみたいに吐きだすということです。とりつくろった日記なんて何の意味もありません。

何を書けばいいのかわからないとき

まっ白なページって、なんか威圧感ありますよね？　ただ白いだけの紙からそんなものを感じるのは私だけですかね？

なんかわからないけど意識高そうな白いスーツを着た人に「さあ、キミはこのまっ白なキャンバスに、何を描くんだい？　キミの頭のなかを見せておくれよ！」とせっつかれている気分になってしまうのは私だけですかね？

同じ症状に見舞われている人がどれだけいるかわかりませんが、私なりの解決策をお伝えすると、たとえば私は、時刻や場所、体の異常、目に入ったものなどから書きはじめていました。

「現在の時刻は3時12分。もうすぐ朝なのにぜんぜん眠れない」とか「腰が痛い。たぶん原因は〜で」とか「いまベッドの上で寝転んでこれを書いている」とか「さっき淹れたばかりのコーヒーから湯気が出ている」とか。

要するに、なんでもいいのです。「何書こっかな」って思ったら「何書こっかな」って書けばいいんです。別にだれかが読んで採点するわけでもありません。というか、自分が読み返す気すらサラサラないのですから。

書く頻度、文量について

私も、書きはじめたころはときどき手が止まって、B4ノートを3ページ埋めるのに1時間かかっていました。でも翌日、翌々日とページが進むにつれて、その種の抵抗はキレイさっぱりなくなりました。むしろ、頭のなかの声があふれてきて、文字を書く手がそのスピードに追いつかないという感じで。

何を書いてもいい、と言われると逆にかまえてしまうのは自然なことだと思います。最初はみんなそんなもんなんじゃないですかね。

毎日書く必要はありませんが、ある程度の期間、継続して書く必要があります。

というのも、ヤバい状態の人は自分の感情や、好きなこと、嫌いなこと、やりたいこと、やりたくないことなどがわからなくなっているのですが、日記を継続して書くことで「あれ、自分、このことばっか書いてるな」とか「前も似たようなこと書いたな」と発見できるからです。

それによって、自分はどうしたら不快で、どうしたら気持ちいいのか、そういったことが把握できるようになります。

こうなると人生に優先順位をつけることができ、優先順位がつけられるようになると、もっとも望ましい未来を実現するための具体的な行動につなげることができます。

人が行動できないのは、迷いがあるからです。「本当にこれをやればうまくいくのか」「そもそも、自分はこんなことがしたかったのか」など迷いがあると、行動を継続できずに挫折してしまいます。

日記は、そのような**迷いを吹き飛ばし、自分の気持ちいいことを教えてくれる**すごいツールなのです。

私は、ヤバいときは毎日、そうじゃないときは週1回くらいのペースで5年ほど続けていました。

文量は、最初はB4ノートにびっしり改行なしで3ページ書いていたのですが、ヤバくないときは書いていてもあまり発見がない（自分で自分のことをけっこう把握できている）ため退屈で、数行で済ませることもありました。

でも別によいのです。サボったからと言ってだれかに迷惑がかかるものでもないし、サボった自分がダメなわけでもありません。

必要ないから書かない、ただそれだけのことです。

まとめ

- **「ヤバいとき」はノートに頼ろう**
- **目についたものから書きはじめてみる**
- **継続して書こう**

18 最強メンタルハック「ゲロ袋日記」のつけ方②

頭のなかがぐちゃぐちゃでまともにものを考えられないときにすごく効く対処法として、日記をおすすめしました。

ただ日記といっても、普通のとはちょいとテイストが異なります。ゲロを吐くように書き散らすので、私はこの日記を「ゲロ袋日記」と呼んでいます（笑）。

では、ゲロ袋日記の具体的なやり方についてご紹介していきます。

必要なのはノートとペン

まず、**B4サイズのノートとただのペンを用意しましょう**。別に高級紙とかお気に入りの万年筆じゃなくていいです。

日記書くくらいならパソコンやスマホで良くない？　とか思われるかもしれませんが、それじゃダメなんですよね。

さわってめくれるノートと握って書けるペンである必要があるんです。

理由は、**筆圧・書くスピード・文字の汚さなどにあなたの知らない「本当のあなたの感情」が表れる**から。

自分がムカついているのか、怖いのか、またその感情の激しさがどのくらいなのか――そういったことは、意外と自分で気づけなかったりします。日常的に感情を抑えるような生活をしているとなおさらです。

でもそうした抑えていたはずの感情が、ノートのデコボコ加減、書くスピード、字が乱暴かていねいかなどに不思議と表れるんです。

だから、日記をひととおり書いてみたら、１枚の絵のように上から見てみましょう。

すると、「汚い……（笑）」と気づいたり、さわって凹凸をたしかめることで、自分の気持ちを知ることができます。

いつ、何を、どうやって書く？

まず「いつ」ですが、書くタイミングはどうでもよいです。朝でも夜でも半身浴中でもなんでもよいです。書けるときに書きます。

次に「何を」書くか。**あなたの正直な、飾らない感情を書いてください**。とっかかりは、その日あるいはもっと過去の出来事です。

どういう出来事があって、それについてイラついたのか、うれしかったのか、モヤッとしたのか。頭のなかでぐるぐる回っているのは、何に関することで、どんな感情をもなっているのか。どういう感情のとき、どういう映像が頭に浮かんでいるか。ひたすら、浮かんでくるままに書きだしていきます。

何も思いつかなければ、いま目の前にあるものや体の感覚でも構いません。目が疲れてボヤッとしているとか、肩が痛いとか、お腹すいたとか。

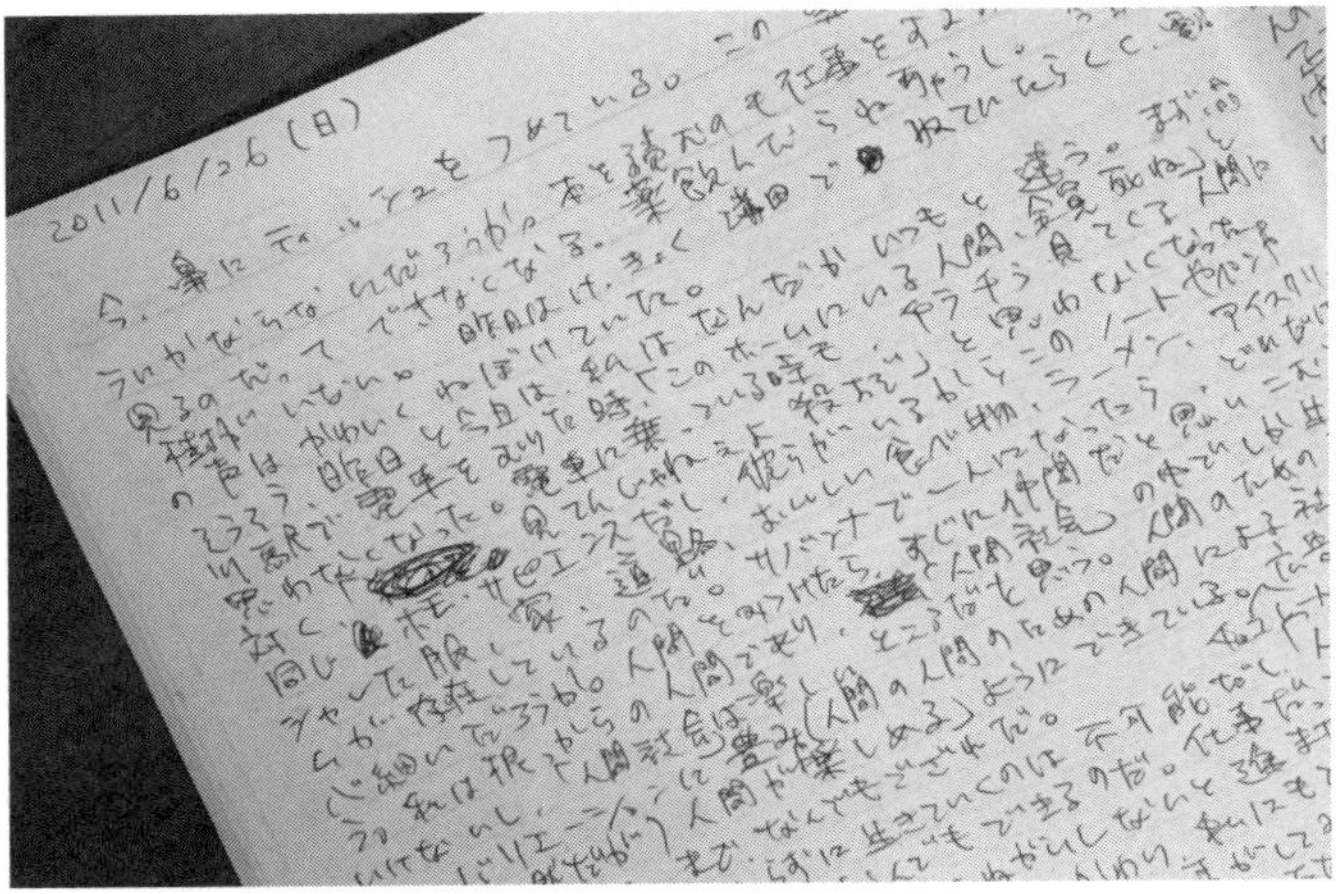

実際の私のゲロ袋日記。書きだしは「今、鼻にティッシュをつめている」という小粋な一文。

私も書くことがない場合はこんな感じの書きだしになってます（上の写真）。ホントにどうでもいいことを書いてますね。

それはさておき、脈絡とか、こんな考えは間違ってるとか、ダサいとかキモいとか、いっさい気にしないようにしましょう。

だれかに読ませるものではありませんので、ひたすら正直に、頭に浮かんできた言葉をノートにゲロっていきます。

最後に「どうやって」書くか。

ちょっと大変なのですが、**書きはじめたら3ページ、とにかく埋めるこ**

とだけ考えてください。

なぜなら、1ページめは「意識してること」「表面的なこと」しか出てこないのですが、2~3ページめになってやっと「**自分でも知らなかった自分**」「**無意識**」が出てきます。正直だいぶおぞましいですが、おぞましいからといって蓋をしていては本当の自分はわからないままです。

そして、書きだしたら**最低でも連続3日はやってみましょう**。

理由は、**重複トピックを探すため**です。単にその日にあったことではなく、「ずっと気になっていること」が見えてきます。それはあなたにとって重要なことなので、真剣に向き合ってみる価値があります。

なんのために書きまくるのか

ゲロ袋日記を書く目的は、3つあります。

第一は、とにかく胸のうちを吐きだすことです。気持ち悪いときも一回ゲロ吐いちゃえばかなりラクになるのと同じ。

人はだれでもいろんな悩みを抱えていると思いますが、コミュ障はそれを吐きだせずに**ひたすら溜めこみすぎて、急に爆発してしまいがち**です。いますでにギリギリな人は、爆発を防ぐ目的でとにかくゲロ袋日記にすべてを吐きだしましょう。

第二に、自分の感覚をとり戻すことです。

忙しすぎてテンパっているときや、モヤモヤしてしんどいときって、「自分がどう感じているのか」という感覚がにぶくなっています。自分の感情とか感じ方を「重要ではない」と二の次にし続けると、自分でもその所在がわからなくなってしまいます。

本当は何がしたいのかがわからない、最初は我慢してたけど、いまはとくに何も感じない、そんなにつらくない（けどモヤモヤはしてる）という人は、**他人を優先して、自分の感覚をおろそかにしてきた人**です。

プロジェクトの成功のために、家族のためにと我慢しまくる、がんばりまくる。それ自体は、かっこいいし美しいと思いますが、あなたが幸せじゃないなら、モヤモヤしているならやめましょう。

ゲロ袋日記に洗いざらい書きだすと、モヤモヤの正体を客観的に観察できるので、モヤモヤがモヤモヤじゃなく、具体的な感情にラベリングできるようになります。すると、「あのとき自分は〜の〜な部分に関して悲しみを感じていたから、それが怒りになって出ちゃったのか」みたいに分析できるようになります。継続すると、自分が何に対して悲しみを感じるのか、恐怖を感じるのか、その共通項が見えてきたりします。

それが、**自分が何を「イヤ」なのかがわかる**ということです。

第三に、自分の生き方の軸を見つけることです。

自分の感覚をとり戻すことで、自分にとって何が「気持ちいい」で何が「イヤ」なのかがわかります。それが、あなたの生き方の軸になります。その感覚に正直に、シンプルに、気持ちいいことをやり、イヤなことはやらないで生きていきましょう。

もちろん、100%気持ちいいだけで社会的生活をいとなむことは不可能ですが、避けて通れないイヤなことがあっても、より大きな「気持ちいい」につながっているとわかっていれば不幸な気持ちにはなりません。

怖がっていることが見えてくる

最後に、私のゲロ袋日記の一部、1日分（B4ノートぎっしり3ページ分）をここに公開したいと思います（次のページです）。

けっこう昔の日記なのですが、当時何を書いていたかというと、お金の不安、会社に行きたくない理由、当時付き合って同棲までしていた男性に対する不満、職場のカッコイイ先輩への崇拝、職場にいる嫌いな人たちや無茶ぶりしてくる上司への愚痴……最悪ですね。生まれてきてすみません。

でも、こういう汚い部分、情けない部分もきちんと出していかないと、自分の感覚をとり戻したり、本当に自分にとって気持ちいいこと、イヤなことって見えてこないと思います。なので、成長痛ってことで。

お伝えしたいのは、どんだけ稚拙《ちせつ》だろうがイタかろうが厨二病《ちゅうにびょう》だろうがキモかろうが支離滅裂だろうが、構いやしねー！　ということです。内容は参考にはならないと思い

2011年7月23日（土）

今、キッチンで立ってこれを書いている。時刻は7:30。7:00にMが起きて、アニメを見始めたので、キンキンキャンキャンひびくアニメの声があまりにも不快で眠れなくなったのだ。不快だ。せめてイヤホンで見ればいいのに。あの稚拙な会話は、ワンパターンでひとりよがりで、なんとも底が浅い。こんなものを朝7:00に起きて見ているMに、私は心底ウンザリしている。「休日はずっといえに引きこもってる末岐の、どこに感心すればいいの？」「がんばってる女性が好きなんだよね」「Dは好きだよ」「結婚するんならDは10%で末岐は0%。だってDは家事完璧だからね。汚いところとか見るとすぐ掃除したくなるって言ってた」

昨夜、Mが私に言ったそんな言葉が、私の頭の中で勝手に自動再生され続けている。不快だ。結婚する気ない上に、結婚した相手に対して家事をやることを一番に望む（しかも別の女に！！）ようなMと、付き合っていても意味がない気がしてきた。未来がない。そんな付き合い方に、虚しさを感じる。鼻水が昨日から止まらない。不快だ。イライラする。今日は美容院に言って、歯医者に行って、焼肉に行く。

そういえばMは風呂にも入っていない。お菓子の袋もジュースを飲んだコップもからになったペットボトルも全部そのまま。服も脱ぎ散らかしたまま。掃除は手伝わないし、金は借りてる。3万円だ。あの借り方も不快だった。月に1万円ずつ返してくれるならいいよ、と言ったら「ムリ。ボーナスで返す」と言われて半年間も3万円を借りっぱなしにするのには、私は抵抗があった。Mを信用していない。そもそもなんで月に1万円も返せないのか、わからない。ちゃんと計算したのか。ビリヤードにWくんと遊びに行く金はあっても、私に月に1万円ずつ返す金はないというのか。イライラする。しかもそのまま出ししぶっていると、Mは決定的に不快な言葉を口にした。「じゃあDに借りるから良いよ」はぁぁ！？しかも後日「Dが貸してくれるって。デート1回で手を打った」と言っていた。私が、「デートするの？　私がいるのに？」というと「だってしょうがないじゃん。オレ、生活できないもん」と言った。どこに行くかはまだ決まっていないらしい。しかも、私が貸した３万円で実家に帰るらしい。Dさんがいる大阪に。別れようかな。こんなにイライラするくらいだったら。なんで金を貸した私の方が、こんな下手に出て不快な気分にさせられなければならないのか。たぶんこの問いに、Mはこう答える。「そんなにイヤなら別れる？　オレは別に全然構わないけど」会社も同じだ。「別にムリして働かなくても、イヤならやめれば良いじゃん。他に代わりなんていっぱいいるから、お前がいなくなったところで何も問題ない」同じだ。Mも会社も私でなければならないわけではない。会社はわかるが、Mまでもが、私を特別扱いしない。私の代わりはいるし、Dさんとなら結婚するという。虚しい。虚しすぎる。この今付き合っているという現実がとてもしらじらしく感じる。意味がないことのように思える。Mも会社もひきょうだ。私が別れられないことも会社を辞められないことも知っていて、私が離れようとするのをだれも引き止めない。

私は自分の価値のひくさ、自分の弱さをこれでもかというくらいかみしめ、無言のままに全てを忘れ去ろうとする。それでも自分はだませない。自己否定感はますます強くなり、私の内側からエネルギーが失われていく。いっそ、Mとも別れて会社も辞めてみてはどうか。そうすれば、私の誇りとか、自分への尊厳は守られる。だが他の会社に転職するとなると、給料は手取りが20万円くらいになる。つまり、今より10万円減る。そうなると、引っ越さなければ生活できなくなる。貯金もできないし、もしかしたら残業が今より増えるかもしれない。Mも、別れたら別れたで別の男が見つかるが、Mの持っているステキな部分をもっている男が、他に見つかるかもわからない。つまり、未来に対する不安が、今の生活における不快よりもまさっているのだ。だから、私は身動きできずに耐えるしかない現状にある。思い切ってすべてを切り捨てたら、それは私の成長につながるだろうか。この考え方自体が「逃げ」なのか。現状を、すべて切り捨てずに変えることはできないのか。Mに家事を手伝わせ、今の会社で私を引き止めざるを得ないくらい価値を高められないだろうか。

ます（10年ぶりに読み返したら、自分で読んでも意味不明すぎてゾッとしました）。

なお、アルファベットになっている部分にはちゃんと名前が入っています。我ながらひどい日記ですね。でもこれでよいんです。大事なのは、自分の「イヤ」を見つけることなので。

で、私はこの**日記を続けることで、自分が一番怖がっていることがわかりました**。ゲロ袋日記に毎回のように登場するのは、「将来のお金の不安」だったんです。

楽しいこととか気持ちいいことってコロコロ変わっていくのですが、怖いことはずっと変わりませんでした。

余談ですが、日記は物理的な意味でも私を救ってくれました。

当時、日記にも出てくるMさんとお付き合いしていたのですが、うまくいっていませんでした。

自分から別れたいなんて言う勇気もなくウダウダ悩み続けていたのに、日記を盗み見られたことで、あっちのほうから去っていき、すんなり別れることができたので（笑）。

まとめ

・用意するのは「B４サイズのノート」と「ただのペン」
・一度に「２〜３ページ」書く
・最低でも「３日」は続ける

19 「人と話すこと」のすごい効用

頭のなかがぐちゃぐちゃでまともにものを考えられなくなったときは、日記を書けばスッキリするし、向き合うべき問題に気づけるようになるよ、という話をしました。日記は考えを整理するのに便利なツールだと思うものの、**それでもやっぱり、ちゃんとだれかに話すのはとても大事**だと思います。

というのも、一人で考えていると同じことでずっと悩んじゃったり、極端な考え方になったりしがちなんですよね。

それに、フリーで仕事をしている方はわかると思うんですが、何日、何ヶ月、何年レベルでまともに人と交流してない期間が続くと、だんだんうつっぽくなります。

人付き合いがたくさんだとコミュ障はつらいのですが、だからといってゼロにするのもまたしんどい。なので、人付き合いの少ない気楽なフリーといえど、意識的に人と会話したほうがよいと感じます。

でも、コミュ障だと話せる相手を見つけるのはすごくむずかしいですよね。私もこんなテーマの本を書いてるくらいなので、フランクに会話できる人なんてほとんどいないし、実際、母くらいしかいません。ただ、身近にいる母が話し相手になってくれるというのは、すごく恵まれた状況だと思います。

この章の締めくくりに、そんな母との交流をへて気がついた、人との会話の大切さと、コミュ障はどういう人と交流すべきかについてお話ししたいと思います。

母との夜散歩でメンタルが整う

私はほぼ毎晩、夕食後に母と2時間ほど、ずっと会話しながら散歩しています。

きっかけは『ポケモンGO』でした。ポケモンGOに飽きて『ドラクエウォーク』になったりもしたのですが、はじめたときから4年以上たってゲーム自体はやめたいまでも、夜散歩の習慣は続いています。

母と私はお互い、毎日引きこもって家事したり仕事したりしているだけなので、共通の話題も新しいトピックもありません。

母は絵や園芸など多趣味ですが、私の興味はお金と仕事のことだけ。ときどきは親戚のだれだれがどうしたとか、週末に面白いお店に行ってみようとか、次の旅行はどこに行きたいとか、新鮮な話題で盛り上がることもあります。

でも基本的に会話のネタは「明日のご飯何にする？」くらい。お互い翌日には何を話していたかよく覚えていません。

ポケモンＧＯやドラクエウォークをやっていたときは、あっちに新種が出ているだの、メタスラレーダーがなくなっただのとゲームに関して話すことはありましたが、それも飽きちゃったあとは、エンドレスしりとり、エンドレス山手線ゲーム、即興物語り（一人がテーマを与えて、もう一人が即興でお話を作る）などのゲームに興じたり、変な語尾（～でゲスね、～ごわす等）でしゃべったり、星座を覚えながら歩いたりしました。

母とＳｉｒｉのまったく噛み合っていないやりとりを聞いたり、ひょんなことからけんかに発展して（後述します）、無言で3メートルくらい離れたままえんえん家まで歩いたり、暗闇を怖がって走りだす母を追いかけたり……

そんな感じで、とくに内容のない会話ばかりしつつも、母との夜散歩は、私にとってなくてはならないものになっています。私はよく、思いきりがよいとか面白い発想をするとか、本来の自分とはまったく違う褒められ方をするのですが、これは間違いなくこの夜散歩のおかげです。

お気楽な母と話すことでいろんな決心ができたり、悩みすぎずに済んでいるのが大きいのです。

いい歳して家族との和解

雨の日も風の日も台風の日も雪の日も、ひたすら並んで歩くうちに、私にとってはもうほとんど自分の一部みたいな存在になった母ですが、昔から仲良しだったわけではありません。

子供のころは両親とウマが合わず、わかってもらえないイラだちを、鉛筆でぬいぐるみ刺したり彫刻刀で勉強机を削ったりしてぶつけていました。ひかえめに言って、すごく嫌な子供だったと思います（笑）。

なので、社会人になって実家を出た日は、それはもう意気揚々でした。やっと親から解放された！　もう二度と戻るまい！　とか思うほどに。

ですが、会社でさんざんな状態になって、会社を辞めてさらにさんざんな状態になったとき、最後に手を差し伸べてくれたのは両親でした。


当時なんの相談もせずに勝手に会社を辞めたので、「絶対怒られる……いまさら打ち明けても責められてイヤな思いをするだけ」と思いこんでましたが、両親は私をまったく責めず、怒りもしませんでした。もう本当に、なんて言えばいいのか。本当にごめんなさいとしか言えません。

これがターニングポイントで、私の両親に対する警戒心みたいなものが氷解しました。大人になっていろいろとひどい目にあって、親の温かさというか、ありがたみがはじめて身に染みたんですね。自分の成長の遅さに震えます。

実家に戻って、無収入だった私は「とにかく何かやらなきゃ」と焦りまくっていろいろ空回りしていましたが、両親の存在はめちゃくちゃ救いになりました。

父は、物理的・経済的に私を助けてくれました。インキュベーターさんや投資家さん、税理士さんまで紹介してくれて、実際あのときの父の奔走がなければまだニートやってたかもしれません。

母は、精神的に私を助けてくれました。就職しろとか結婚しろとか言わず、「別に、焦らなくてもしばらくゆっくりしてればよいんじゃないの。家（実家）にいれば生活費もかからないでしょ」と、ゆるーく生温かーく放置してくれたのです。

私は、いい歳して実家住まい＆無収入＆恋人も友達もいない自分を、生きる価値がない、心底恥ずかしいと思っていたので、両親が私を恥ずかしいものとして扱わなかったことは大きな救いになりました。

「**ありのままでいい**」と、人からお墨つきをもらえたような感覚です。うまく言えないけど。

わかってもらえなくて当たり前

先ほど、子供のころの私は「だれにもわかってもらえない」と腐っていた時期があったことをチラッと書きましたが、これってコミュ障がしがちな考え方だと思うのですよ。それで、どうせだれにもわかってもらえないとふてくされて、コミュニケーションをとる努力もやめてしまう。そして、ますますコミュ障にみがきをかけていく無間地獄《むげんじごく》へと落ちていく……

でも、だれかに自分の考えや自分自身のことをわかってもらおうとすること自体、そもそも無理だし、あんまし意味ないなーとはいまでは思っています。

もう少し正確にいうと、自分の考えを伝えることは大切だけど、それを理解させたり自分に同調させたりする必要はないってことです。

そう思うにいたった、私と母の夜散歩中に起きたけんかの話をします。きっかけは、

「既読スルー」に関して話しているときでした。

既読スルーされて怒っている人がいるという話題から、母は「既読スルーするほうが悪い、常識がない」と言って、怒っている人を擁護しました。一方私は「別に事前にとり決めがあったわけでも法律があるわけでもないんだから、返事をするかどうかは当人の自由だと思う。怒られるすじ合いはないでしょ」と。

母はそれを「冷たい、ドライすぎる、常識がない」と批判しました。私は「常識って人によって違うと思う」と言うと、母が「みんなが共通の認識をもっていて、それが常識なんだからどうのこうの」と反論。

その後は、「みんなってだれ？　住んでる国や地域、生活レベル、職業、年齢、勤めてる会社とかでも常識ってそれぞれ違うでしょ」「いや、日本人の8割くらいが同じなら常識はある」「たとえば？」「ご飯を食べる前にいただきますするとか、何かしてもらったらお礼を言うとか」「マナーってこと？」「いや、それが常識」「……」といった流れに。

とにかくこのままではわかり合えそうにないなとお互いに感じとり、散歩の疲れも相まってものすごく険悪な雰囲気になりました。で、無言のまま家まで歩き、無言のまま玄関を開けて家に入り、無言のままそれぞれリビングと部屋へと分かれ、そのまま顔を合わすことなく、お風呂に入って寝ました。

でも翌日になると、母は何もなかったようにふるまったし、私もイラだちはすっかり消えてまた夕食後に「今日はどこ行くー？」といつもどおりになっていました。

じつはこういうことを、母とこれまでに何度かくり返していました。

それで、ふと気づいたのは、相手の考えを変えたり、相手に何かを認めさせる、みたいなことって別段しなくても、普通に仲良くやっていけるもんだな、ということ。まぁメンタリストでもない限り他人を操ったり納得させたりってむずかしいし、相手を尊重するならそんなことすべきじゃないとも思います。

相手には相手の考え方があり、自分には自分の考え方があり、別にそれが同じである必要はありません。

私のこれまでの経験でも、相手は自分のことを理解すべきだ、自分が正しいんだ、という感じになったとき、人間関係はうまくいかなくなっていた気がします。

これは普通の人にとっては、当たり前のことなんだと思います。

でも、人間関係でずっと失敗し続けてきたコミュ障の私にとっては、けっこう新しい発見でした。

ささいなことなんですが、こういう考え方1つで人生変わったりするもので、実際そう考えるようになって以来、人付き合いがとてもラクになりました。

コミュ障が大事にすべき人とは？

コミュ障はいろんな理由から、「だれにもわかってもらえない」と思ってしまい、自らコミュニケーションを制限しがちです。それで自分をわかってくれそうな人を探すとなると、あまりにもいないので、人類にいないいんじゃないかと絶望する事態に。

なので、ここで考え方を転換する必要があります。わかってもらえなくて当たり前だと思うようにしてみるのです。

そのうえで、**噛み合わなくても、それをお互いの「違い」として許容してゆる〜**

くやっていける相手を探すのです。もし、そういう人を奇跡的に見つけられたら、それはとても素敵なことだと思います。

私の場合は本当に運が良くて、その相手が母でした。そして、そういう人の心地よさを母を通して知り、自分自身も「違い」を受け入れる態度をとるようになったことで、人間関係が広がりました。

いまだにコミュ障の私が言うので説得力がないと思うのですが、重度のコミュ障の私でも人間関係がよくなったので、他の方ならきっとより効果があるはずです。よかったら真似してみてください。

まとめ

- **「会話」をすると、深刻にならずに済む**
- **自分のことは「わかってもらえなくて当たり前」**
- **お互いの「違い」を受け入れてくれる人を見つけたら大事にする**

おわりに

だれにも足を引っ張られず、だれにも頼らず、国にも会社にも家族にも頼らず、自分の腕1本で生きていけるようになりたい。一人で稼げるようになりたい。

こんなふうに思っている人に、ちょっとリラックスしてもらいたくて、この本を書きました。とか言っておいて、私自身、気づいたらうっかりガチガチにつっぱっていることがあるんですけどね。まぁぜんぜん、上から人様に何か言うつもりはないです。

私は、世間一般でいう「ぼっち」です。でも、**私の周りには、「敵」でも「他人」でもない人たちがたくさんいます**。私の宝です。

無趣味で、仕事以外は何もしてこなかったので、家族以外は、ほとんど全部仕事をとおして知り合った人たちです。一緒に仕事した仲間、お客さん、お世話になった上司や先輩、叱ってくれた人、褒めてくれた人。すごく深い付き合いになったとか、一生付き合っていくという感じではないので、一般的な「友達」とはちょっと違う感じです。

でもですよ。

出世したくて馬車馬のように働き、ガツガツしていたとき。燃え尽きてうつで休職していたとき。ちょっと自信つけてつけ上がって傲慢《ごうまん》なクソヤロウになっていたとき。再起をかけて一人で福岡に蒸発したとき。作ったアプリが失敗したとき。ふてくされてただ家でごくを潰していたとき。

ほんと、恥の多い人生ですが、そういうまくいってないときでも、気にかけてくれる人、助けてくれる人がいました。だから、休日に遊びに行こうって誘う人がいなくても、怖くはありません（※切実にさみしいときはある！）。

私にとって一番大切なものは、ほんとうの意味でちゃんとつながってくれる人、支えられる関係であれる人たちとの関係性です。だから、母と散歩する時間だったり、一人で静かに落ち着く時間、仕事でお世話になっている人のために仕事をがんばる時間を何より大切に思っています。

最後に、コミュ障の方、ぼっちの方にお伝えしたいのは、**人とつながること、交わること、すなわちコミュニケーションそのものを、あきらめてしまわないでほしい**ということです。

「苦手だから」「一人のほうがラクだから」と自分のカラに閉じこもってしまうのは、ちょっと違う。なんというか、それって極端すぎるんですよね。

口では「一人のほうがラク」と言っている人がいたとしても、それがあなた自身だったとしても、どこかでさみしさを感じていたり、このままずっと一人だったらどうしようという不安を感じてたりしませんか。私はそうでした。「一人で大丈夫」って強がっていても、認めたくなくても、なんとなくわかっていました。**完全に一人だけで、生きていくことはできない**と。

なんかいろいろ書きましたが、この本でお伝えしたいことは、じつは1つだけです。

コミュ障であっても、人とのつながりを怖がりすぎないでください。

２０２１年３月　末岐碧衣

【著者紹介】

末岐碧衣（すえき・あおい）

コミュ障で友達０人のシステムエンジニア。早稲田大学理工学部卒業。新卒でＩＴコンサルティング企業に入社したものの、コミュ障が爆発し、人間関係が崩壊する。うつにより休職した後は、コミュ障の自覚を持ち、チームプレイを避けて一人でできる仕事に専念するようになる。2015 年フリーランスとして独立。一度も営業せず、独立前の年収３倍を達成。

この作品に対する皆様のご意見・ご感想をお待ちしております。

おハガキ・お手紙は以下の宛先にお送りください。

【宛先】

〒150-6008 東京都渋谷区恵比寿 4-20-3 恵比寿ｶﾞｰﾃﾞﾝﾌﾟﾚｲｽﾀﾜｰ 8F
（株）アルファポリス　書籍感想係

メールフォームでのご意見・ご感想は右のＱＲコードから、
あるいは以下のワードで検索をかけてください。

アルファポリス　書籍の感想　検索

ご感想はこちらから

友達0《ともだちゼロ》のコミュ障《しょう》が「一人《ひとり》」で稼《かせ》げるようになったぼっち仕事術《しごとじゅつ》

末岐碧衣

2021年 3月 31日初版発行

編集－芦田尚
編集長－太田鉄平
発行者－梶本雄介
発行所－株式会社アルファポリス
〒150-6008 東京都渋谷区恵比寿4-20-3 恵比寿ｶﾞｰﾃﾞﾝﾌﾟﾚｲｽﾀﾜｰ8F
TEL 03-6277-1601（営業）03-6277-1602（編集）
URL https://www.alphapolis.co.jp/
発売元－株式会社星雲社（共同出版社・流通責任出版社）
〒112-0005 東京都文京区水道1-3-30
TEL 03-3868-3275
装丁・目次・図版デザイン－ansyyqdesign
印刷－中央精版印刷株式会社

価格はカバーに表示されてあります。

落丁乱丁の場合はアルファポリスまでご連絡ください。

送料は小社負担でお取り替えします。

ISBN 978-4-434-28572-1 C0030